LES ONZE MILLE VERGES

LES

ONZE MILLE VERGES

LES
ONZE MILLE VERGES

PAR

G... A...

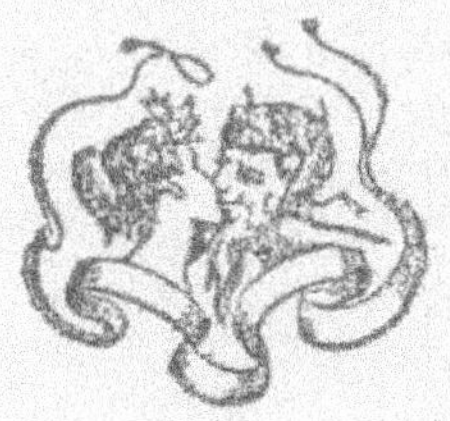

PARIS

En vente chez tous les Libraires

LES ONZE MILLE VERGES

CHAPITRE Ier.

BUCHAREST est une belle ville où il semble que viennent se mêler l'Orient et l'Occident. On est encore en Europe si l'on prend garde seulement à la situation géographique ; mais on est déjà en Asie si l'on s'en rapporte à certaines mœurs du pays, aux Turcs, aux Serbes et autres races macédoniennes dont on aperçoit dans les rues de pittoresques spécimens. Pourtant c'est un pays latin, les soldats romains qui colonisèrent le pays avaient sans doute la pensée constamment tournée vers Rome, alors capitale du monde et chef-lieu de toutes les élégances. Cette nostalgie occidentale s'est transmise à leurs descendants ; les Roumains pensent sans cesse à une ville où le luxe est naturel, où la vie est joyeuse. Mais Rome est déchue de sa splendeur, la reine des cités a cédé sa couronne à Paris et quoi d'étonnant que, par un phénomène atavique, la pensée des Roumains soit sans cesse tournée vers Paris qui a si bien remplacé Rome à la tête de l'univers !

De même que les autres Roumains, le beau prince Vibescu songeait à Paris, la Ville Lumière où les femmes, toutes belles, ont toutes aussi la cuisse légère. Lorsqu'il était encore au collège de Bucharest, il lui suffisait de penser à une Parisienne, à la Parisienne, pour bander et être obligé de se branler lentement, avec béatitude. Plus tard il avait déchargé dans maints cons et culs de délicieuses Roumaines. Mais il le sentait bien, il lui fallait une Parisienne.

Mony Vibescu était d'une famille très riche. Son arrière-grand-père avait été hospodar, ce qui équivaut au titre de sous-préfet en France. Mais cette dignité s'était transmise de nom à la famille et le grand-père et le père de Mony avaient chacun porté le titre de hospodar. Mony Vibescu aurait dû également porter ce titre en l'honneur de son aïeul.

Mais il avait lu assez de romans français pour savoir se moquer des sous-préfets : « Voyons, disait-il, n'est-ce pas ridicule de se faire dire *sous-préfet* parce que votre aïeul l'a été. C'est grotesque tout simplement ! » Et pour être moins grotesque, il avait remplacé le titre d'hospodar-sous-préfet par celui de prince. « Voilà, s'écriait-il, un titre qui peut se transmettre par voie d'hérédité. Hospodar, c'est une fonction administrative, mais il est juste que ceux qui se sont distingués dans l'administration aient le droit de porter un titre. Je m'anoblis. Au fond, je suis un ancêtre. Mes enfants et mes petits-enfants m'en sauront gré. »

Le prince Vibescu était fort lié avec le vice-consul de Serbie : Bandi Fornoski qui, disait-on par la ville, enculait volontiers le charmant Mony. Un jour, le prince s'habilla correctement et se dirigea vers le vice-consulat de Serbie. Dans la rue, tous le regardait et les femmes le dévisageaient en se disant : « Comme il a l'air parisien ! »

En effet, le prince Vibescu marchait, comme on croit à Bucharest que marchent les Parisiens ; c'est-à-dire à tous petits pas pressés et en tortillant le cul. C'est charmant ! et lorsqu'un homme marche ainsi à Bucharest, pas une femme ne lui résiste, fût-elle l'épouse du premier ministre.

Arrivé devant la porte du vice-consulat de Serbie, Mony pissa longuement contre la façade, puis il sonna. Un Albanais, vêtu d'une fustanelle blanche vint lui ouvrir. Rapidement le prince Vibescu monta au premier étage. Le vice-consul Bandi Fornoski était tout nu dans son salon. Couché sur un sofa moelleux, il bandait ferme ; près de lui se tenait Mira, une brune Monténégrine qui lui chatouillait les couilles. Elle était nue également et, comme elle était penchée, sa position faisait ressortir un beau cul bien rebondi, brun et duveté, dont la fine peau était tendue à craquer. Entre les deux fesses

s'allongeait la raie bien fendue et poilue de
brun, on apercevait le trou prohibé rond
comme une pastille. Au-dessous, les deux
cuisses, nerveuses et longues s'allongeaient,
et comme sa position forçait Mira à les
écarter, on pouvait voir le con, gras, épais,
bien fendu et ombragé d'une épaisse crinière
toute noire. Elle ne se dérangea pas lorsqu'entra Mony. Dans un autre coin, sur une
chaise longue, deux jolies filles au gros cul
se gougnottaient en poussant des petits :
« Ah ! » de volupté. Mony se débarrassa rapidement de ses vêtements, puis le vit en
l'air, bien bandant, il se précipita sur les
deux gougnottes en essayant de les séparer.
Mais ses mains glissaient sur leurs corps
moites et polis qui se lovaient comme des
serpents. Alors voyant qu'elles écumaient
de volupté, et furieux de ne pouvoir la partager, il se mit à claquer de sa main ouverte
le gros cul blanc qui se trouvait à sa portée.
Comme cela semblait exciter considérablement la porteuse de ce gros cul, il se mit à
taper de toutes ses forces, si bien que la
douleur l'emportant sur la volupté, la jolie

fille dont il avait rendu rose le joli cul blanc, se releva en colère en disant :

— Salop, prince des enculés, ne nous dérange pas, nous ne voulons pas de ton gros vit. Va donner ce sucre d'orge à Mira. Laisse-nous nous aimer. N'est-ce pas Zulmé !

— Oui Toné ! répondit l'autre jeune fille.

Le prince brandit son énorme vit en criant : « Comment, jeunes salaudes, encore et toujours à vous passer la main dans le derrière! » Puis saisissant l'une d'elle, il voulut l'embrasser sur la bouche. C'était Toné, une jolie brune dont le corps tout blanc avait aux bons endroits, de jolis grains de beauté qui en rehaussaient la blancheur, son visage était blanc également et un grain de beauté sur la joue gauche rendait très piquante la mine de cette gracieuse fille. Sa poitrine était ornée de deux superbes tétons durs comme du marbre, cernés de bleu, surmontés de fraises rose-tendre et dont celui de droite était joliment taché d'un grain de beauté placé là comme une mouche, une bouche assassine.

Mony Vibescu en la saisissant avait passé les mains sous son gros cul qui semblait un beau melon qui aurait poussé au soleil de minuit tant il était blanc et plein. Chacune de ces fesses semblait avoir été taillée dans un bloc de carrare sans défaut et les cuisses qui descendaient en dessous étaient rondes comme les colonnes d'un temple grec. Mais quelle différence ! les cuisses étaient tièdes et les fesses étaient froides, ce qui est un signe de bonne santé. La fessée les avait rendues un peu roses, si bien qu'on eut dit de ces fesses, qu'elles étaient faites de crême mêlée de framboises. Cette vue excitait à la limite de l'excitation le pauvre Vibescu. Sa bouche suçait tour à tour les tétons fermes de Toné ou bien se posant sur la gorge ou sur l'épaule y laissait des suçons. Ses mains tenaient fermement ce gros cul ferme comme une pastèque dure et pulpeuse. Il palpait ces fesses royales et avait insinué l'index dans un trou du cul d'une étroitesse à ravir. Sa grosse pine qui bandait de plus en plus venait battre en brêche un charmant con

de corail surmonté d'une toison d'un noir
luisant. Elle lui criait en roumain : « Non,
tu ne me le mettra pas ! » et en même temps
elle gigottait de ses jolies cuisses rondes et
potelées. Le gros vit de Mony avait déjà de
sa tête rouge et enflammé touché le réduit
humide de Toné. Celle-ci se dégagea encore,
mais en faisant ce mouvement elle lâcha
un pet, non pas un pet vulgaire mais un
pet au son cristallin qui provoqua chez elle
un rire violent et nerveux. Sa résistance se
relâcha, ses cuisses s'ouvrirent et le gros
engin de Mony avait déjà caché sa tête
dans le réduit lorsque Zulmé, l'amie de
Toné et sa partenaire en gougnottage, se
saisit brusquement des couilles de Mony et
les pressant dans sa petite main, lui causa
une telle douleur que le vit fumant ressortit
de son domicile au grand désappointement
de Toné qui commençait déjà à remuer son
gros cul sous sa fine taille.

Zulmé était une blonde dont l'épaisse
chevelure lui tombait jusqu'aux talons. Elle
était plus petite que Toné, mais sa sveltesse
et sa grâce ne lui cédait en rien. Ses yeux

étaient noirs et cernés. Dès qu'elle eut lâché
les couilles du prince celui-ci se jeta sur
elle en disant : « Eh bien ! tu vas payer
pour Toné. » Puis, happant un joli téton,
il commença à en sucer la pointe. Zulmé
se tordait. Pour se moquer de Mony elle
faisait remuer et onduler son ventre au bas
duquel dansait une délicieuse barbe blonde
bien frisée. En même temps elle ramenait
en haut un joli con qui fendait une belle
motte rebondie. Entre les lèvres de ce con
rose frétillait un clitoris assez long qui
prouvait ses habitudes de tribadisme. Le
vit du prince essayait en vain de pénétrer
dans ce réduit. Enfin, il empoigna les fesses
et allait pénétrer lorsque Toné, fâchée d'avoir
été frustrée de la décharge du superbe vit, se
mit à chatouiller avec une plume de paon
les talons du jeune homme. Il se mit à rire,
à se tordre. La plume de paon le chatouillait
toujours, des talons elle était remontée aux
cuisses, à l'aine, au vit qui débanda rapidement.

Les deux coquines, Toné et Zulmé, en-
chantées de leur farce, rirent un bon

moment, puis, rouges et essouflées, elles reprirent leur gougnottage en s'embrassant et se léchant devant le prince penaud et stupéfié. Leurs culs se haussaient en cadence, leurs poils se mêlaient, leurs dents claquaient l'une contre l'autre, les satins de leurs seins fermes et palpitants se froissaient mutuellement. Enfin, tordues et gémissant de volupté, elles se mouillèrent réciproquement tandis que le prince recommençait à bander. Mais les voyant l'une et l'autre si lasses de leur gougnottage, il se tourna vers Mira qui tripotait toujours le vit du vice-consul. Vibescu s'approcha doucement et faisant passer son beau vit dans les grosses fesses de Mira, il l'insinua dans le con entr'ouvert et humide de la jolie fille qui, dès qu'elle eut senti la tête du nœud qui la pénétrait, donna un coup de cul qui fit pénétrer complétement l'engin. Puis, elle continua ses mouvements désordonnés, tandis que d'une main le prince lui branlait le clitoris et que de l'autre il lui chatouillait les nichons.

Son mouvement de va-et-vient dans le

con bien serré semblait causer un vif plaisir
à Mira qui le prouvait par des cris de
volupté. Le ventre de Vibescu venait frapper
contre le cul de Mira et la fraîcheur du
cul de Mira causait au prince une aussi
agréable sensation que celle causée à la
jeune fille par la chaleur de son ventre.
Bientôt les mouvements devinrent plus vifs,
plus saccadés, le prince se pressait contre
Mira qui haletait en serrant les fesses. Le
prince la mordit sur l'épaule et la tint
comme ça. Elle criait : « Ah ! c'est bon…
reste… plus fort… plus fort… tiens, tiens,
prends-tout. Donne-le moi, ton foutre…
Donne-moi tout… . Tiens… . Tiens… .
Tiens ! » Et dans une décharge commune ils
s'affalèrent et restèrent un moment anéantis.
Toné et Zulmé enlacées sur la chaise longue
les regardaient en riant. Le vice-consul de
Serbie avait allumé une mince cigarette de
tabac d'Orient. Lorsque Mony se fut relevé,
il lui dit : « Maintenant, cher prince, à mon
tour, j'attendais ton arrivée et c'est tout
juste si je me suis fait tripoter le vit par
Mira, mais je t'ai réservé la jouissance.

Viens mon joli cœur, mon enculé chéri, viens ! que je te le mette. »

Vibescu le regarda un moment puis, crachant sur le vit que lui présentait le vice-consul, il proféra ces paroles : « J'en ai assez à la fin d'être enculé par toi, toute la ville en parle. » Mais le vice-consul s'était dressé, bandant et avait saisi un revolver.

Il en braqua le canon sur Mony qui tremblant, lui tendit le derrière en balbutiant : « Bandi, mon cher Bandi, tu sais que je t'aime, encule-moi, encule-moi. » Bandi en souriant fit pénétrer sa pine dans le trou élastique qui se trouvait entre les deux fesses du prince. Entré là, et tandis que les trois femmes le regardaient, il se démena comme un possédé en jurant : « N... de D...! Je jouis, serre le cul, mon joli giton, serre, je jouis. Serre tes jolies fesses. » Et les yeux hagards, les mains crispées sur les épaules délicates, il déchargea. Ensuite Mony se lava, se rhabilla et partit en disant qu'il reviendrait après dîner. Mais arrivé chez lui, il écrivit cette lettre :

MON CHER BANDI,

J'en ai assez d'être enculé par toi, j'en ai assez des femmes de Bucharest, j'en ai assez de dépenser ici ma fortune avec laquelle je serais si heureux à Paris. Avant deux heures je serai parti. J'espère m'y amuser énormément et je te dis adieu.

MONY, Prince VIBESCU,
Hospodar héréditaire.

Le prince cacheta la lettre, en écrivit une autre à son notaire où il le priait de liquider ses biens et de lui envoyer le tout à Paris dès qu'il saurait son adresse.

Mony prit tout l'argent liquide qu'il possédait, soit 50.000 francs, et se dirigea vers la gare. Il mit ses deux lettres à la poste et prit l'express-orient pour Paris.

CHAPITRE II

ADEMOISELLE, je ne vous ai pas plutôt aperçue que, fou d'amour, j'ai senti mes organes génitaux se tendre vers votre beauté souveraine et je me suis trouvé plus échauffé que si j'avais bu un verre de raki.

— Chez qui ? chez qui ?

— Je mets ma fortune et mon amour à vos pieds. Si je vous tenais dans un lit ; vingt fois de suite je vous prouverai ma passion. Que les onze mille vierges ou même onze mille verges me châtient si je mens ! »

— Et comment !

— Mes sentiments ne sont pas mensongers. Je ne parle pas ainsi à toutes les femmes. Je ne suis pas un noceur.

— Et ta sœur !

Cette conversation s'échangeait sur le boulevard Malesherbes un matin ensoleillé. Le mois de mai faisait renaître la nature et les pierrots parisiens piallaient l'amour sur les arbres reverdis. Galamment, le prince Mony Vibescu tenait ces propos à une jolie fille svelte qui, vêtue avec élégance, descendait vers la Madeleine. Il la suivait avec peine tant elle marchait vite. Tout à coup, elle se retourna brusquement et éclata de rire :

— Aurez-vous bientôt fini ; je n'ai pas le temps maintenant. Je vais voir une amie rue Duphot, mais si vous êtes prêt à entretenir deux femmes enragées de luxe et d'amour, si vous êtes un homme enfin, par la fortune et par la puissance copulative, venez avec moi.

Il redressa sa jolie taille en s'écriant :

— Je suis un prince Roumain, hospodar héréditaire

— Et moi, dit-elle, je suis Culculine d'Ancône, j'ai dix-neuf ans, j'ai déjà vidé les couilles de dix hommes exceptionnels sous le rapport amoureux, et la bourse de quinze millionnaires.

Et devisant agréablement de diverses choses futiles ou troublantes le prince et Culculine arrivèrent rue Duphot. Ils montèrent au moyen d'un ascenseur jusqu'à un premier étage.

« Le prince Mony Vibescu.... mon amie Alexine Mangetout. » La présentation fut faite très gravement par Culculine dans un boudoir luxueux décoré d'estampes japonaises obcènes.

Les deux amies s'embrassèrent en se passant des langues. Elles étaient grandes toutes deux, mais sans excès.

Culculine était brune, des yeux gris pétillants de malice et un grain de beauté poilu ornait le bas de sa joue gauche. Son teint était mat, son sang affluait sous la peau, ses joues et son front se ridaient facilement attestant ses préoccupations d'argent et d'amour.

Alexine était blonde, de cette couleur tirant sur la cendre comme on ne la voit qu'à Paris. Sa carnation claire semblait transparente. Cette jolie fille apparaissait, dans son charmant déshabillé rose, aussi délicate et aussi mutine qu'une marquise friponne de l'avant-dernier siècle.

La connaissance fut bientôt nouée et Alexine qui avait eu un amant roumain alla chercher sa photographie dans sa chambre à coucher. Le prince et Culculine l'y suivirent. Tous deux se précipitèrent sur elle et la déshabillèrent en riant. Son peignoir tomba, la laissant dans une chemise de baptiste qui laissait voir un corps charmant, grassouillet, troué de fossettes aux bons endroits.

Mony et Culculine la renversèrent sur le lit et mirent à jour ses beaux tétons roses, gros et durs dont Mony suça les pointes. Culculine se baissa et, relevant la chemise, découvrit des cuisses rondes et grosses qui se réunissaient sous le chat blond cendré comme les cheveux. Alexine poussant des petits cris de volupté, ramena sur le lit ses petits pieds qui laissèrent échapper des mules dont le bruit sur le sol fut sec. Les jambes bien écartées, elle haussait le cul sous le léchage de son amie en crispant ses mains autour du cou de Mony.

Le résultat ne fut pas long à se produire, ses fesses se serrèrent, ses ruades devinrent plus vives, elle déchargea en disant : « Salauds, vous m'excitez, il faut me satisfaire. »

« Il a promis de le faire vingt fois, » dit Culculine, et elle se déshabilla. Le prince fit comme elle. Ils furent nus en même temps et, tandis qu'Alexine gisait pâmée sur le lit, ils purent admirer leurs corps réciproquement. Le gros cul de Culculine se balançait délicieusement sous une taille très fine et les grosses couilles de Mony se gonflaient sous un énorme vit dont Culculine s'empara. « Mets-le lui, dit-elle, tu me le fera après. » Le prince approcha son membre du con entr'ouvert d'Alexine qui tressaillit à cette approche : « Tu me tues ! » cria-t-elle. Mais le vit pénétra jusqu'aux couilles et ressortit pour rentrer comme un piston. Culculine monta sur le lit et posa son chat noir sur la bouche d'Alexine, tandis que Mony lui léchait le troufignon. Alexine remuait son cul comme une enragée, elle mit un doigt dans le trou du cul de Mony qui banda plus fort sous cette caresse.

Il ramena ses mains sous les fesses d'Alexine qui se crispaient avec une force incroyable, serrant dans le con enflammé l'énorme vit qui pouvait à peine y remuer.

Bientôt l'agitation des trois personnages fut extrême, leur respiration devint haletante. Alexine déchargea trois fois, puis ce fut le tour de Culculine qui descendit aussitôt pour venir mordiller les couilles de Mony. Alexine se mit à crier comme une damnée et elle se tordit comme un serpent lorsque Mony lui lâcha dans le ventre son foutre roumain. Culculine l'arracha aussitôt du trou et sa bouche vint prendre la place du vit pour lapper le sperme qui en coulait à gros bouillons. Alexine, pendant ce temps, avait pris en bouche le vit de Mony qu'elle nettoya proprement en le faisant de nouveau bander.

Une minute après le prince se précipita sur Culculine, mais son vit resta à la porte chatouillant le clitoris. Il tenait dans sa bouche un des tétons de la jeune femme. Alexine les caressait tous les deux. « Mets-le moi, criait Culculine, je n'en peux plus. »

Mais le vit était toujours au dehors. Elle déchargea deux fois et semblait désespérée lorsque le vit brusquement la pénétra jusqu'à la matrice, alors folle d'excitation et de volupté elle mordit Mony à l'oreille si fort que le morceau lui resta dans la bouche. Elle l'avala en criant de toutes ses forces et remuant le cul magistralement. Cette blessure dont le sang coulait à flot, sembla exciter Mony, car il se mit à remuer plus fort et ne quitta le con de Culculine qu'après y avoir déchargé trois fois, tandis qu'elle même déchargeait dix fois.

Quand il déconna, tous deux s'aperçurent avec étonnement qu'Alexine avait disparu. Elle revint bientôt avec des produits pharmaceutiques destinés à panser Mony et un énorme fouet de cocher de fiacre. « Je l'ai acheté 50 francs, s'écria-t-elle, au cocher de *L'Urbaine* 3269, et il va nous servir à faire rebander le Roumain. Laisse-le se panser l'oreille, ma Culculine, et faisons 69 pour nous exciter. »

Pendant qu'il étanchait son sang, Mony assista à ce spectacle émoustillant : Tête bêche, Culculine et Alexine se glotinnaient avec entrain. Le gros cul d'Alexine, blanc et potelé, se dandinait sur le visage de Culculine ; les langues, longues comme des vits d'enfants, marchaient ferme, la bave et le foutre se mêlaient, les poils mouillés se collaient et des soupirs à fendre l'âme, s'ils n'avaient été des soupirs de volupté, s'élevaient du lit qui craquait et geignait sous l'agréable poids des jolies filles.

« Viens m'enculer, » cria Alexine. Mais Mony perdait tant de sang qu'il n'avait plus envie de bander. Alexine se leva et saisissant le fouet du cocher de fiacre 3269, un superbe perpignan tout neuf, le brandit et cingla le dos, les fesses de Mony qui, sous cette nouvelle douleur, oublia son oreille saignante et se mit à hurler. Mais Alexine, nue et semblable à une bacchante en délire, tapait toujours. « Viens me fesser aussi, » cria-t-elle à Culculine dont les yeux flamboyaient et qui vint fesser à tour de bras le gros cul agité d'Alexine. Culculine fut bientôt aussi excitée. « Fesse-moi, Mony, » supplia-t-elle, et celui-ci qui s'habituait à la correction, bien que son corps fut saignant, se mit à fesser les belles fesses brunes qui s'ouvraient et se fermaient en cadence. Quand il se mit à bander, le sang coulait, non seulement de l'oreille, mais aussi de chaque marque laissée par le fouet cruel.

Alexine se retourna alors et présenta ses belles fesses rougies à l'énorme vit qui pénétra dans la rosette, tandis que l'empalée criait en agitant le cul et les tétons. Mais Culculine les sépara en riant. Les deux femmes reprirent leur gamahuchage, tandis que Mony, tout saignant et relogé jusqu'à la garde dans le cul d'Alexine, s'agitait avec une vigueur qui faisait terriblement jouir sa partenaire. Ses couilles se balançaient comme les cloches de Notre-Dame et venaient heurter le nez de Culculine. A un moment le cul d'Alexine se serra avec une grande force à la base du gland de Mony qui ne put plus remuer. C'est ainsi qu'il déchargea à longs jets tetté par l'anus avide d'Alexine Mangetout.

Pendant ce temps, dans la rue, la foule

s'amassait autour du fiacre 3269 dont le cocher n'avait pas de fouet.

Un sergent de ville lui demanda ce qu'il en avait fait :

— Je l'ai vendu à une dame de la rue Duphot.

— Allez le racheter ou je vous fous une contravention.

— On y va, dit l'automédon, un Normand d'une force peu commune et, après avoir pris des renseignements chez la concierge, il sonna au premier étage.

Alexine alla lui ouvrir à poil ; le cocher en eut un éblouissement et, comme elle se sauvait dans la chambre à coucher, il courut derrière, l'empoigna et lui mit en levrette un vit de taille respectable. Bientôt, il déchargea en criant : « Tonnerre de Brest, Bordel de Dieu, putain de salope ! »

Alexine lui donnait des coups de cul et déchargea en même temps que lui pendant que Mony et Culculine se tordaient de rire. Le cocher, croyant qu'ils se moquaient de lui, se mit dans une colère terrible. « Ah ! putains, macquereau, charogne, pourriture, choléra, vous vous foutez de moi ! Mon fouet, où est mon fouet ? » Et l'apercevant, il s'en saisit pour taper de toutes ses forces sur Mony, Alexine et Culculine dont les corps nus bondissaient sous les cinglées qui laissaient des marques saignantes. Puis il se mit à rebander et, sautant sur Mony, se mit à l'enculer proprement.

La porte d'entrée était restée ouverte et le sergot qui ne voyant pas revenir le cocher était monté, pénétra à cet instant dans la chambre à coucher ; il ne fut pas long à sortir son vit réglementaire. Il l'insinua dans le cul de Culculine qui gloussait comme une poule et frissonnait au contact froid des boutons d'uniforme.

Alexine inoccupée prit le bâton blanc qui se balançait dans la gaine au côté du sergent de ville. Elle se l'introduisit dans le con et bientôt les cinq personnes se mirent à jouir effroyablement, tandis que le sang des blessures coulait sur les tapis, les draps et les meubles et pendant que dans la rue on emmenait en fourrière le fiacre abandonné 3269 dont le cheval pêta out le long du chemin qu'il parfuma de façon nauséabonde.

CHAPITRE III

UELQUES jours après la séance que le cocher de fiacre 3269 et l'agent de police avaient achevée de façon si bizarre, le prince Vibescu était à peine remis de ses émotions. Les marques de la flagellation s'étaient cicatrisées et il était mollement étendu sur un sofa dans un salon du Grand-Hôtel. Il lisait pour s'exciter les faits-divers du *Journal*. Une histoire le passionnait. Le crime était épouvantable. Un plongeur de restaurant avait fait rôtir le cul d'un jeune marmiton, puis l'avait enculé tout chaud et saignant en mangeant les morceaux rôtis qui se détachaient du postérieur de l'éphèbe. Aux cris du Vatel en herbe, les voisins étaient accourus et on avait arrêté le sadique plongeur. L'histoire était racontée dans tous ses détails et le prince la savourait en se branlottant doucement la pine qu'il avait sortie.

A ce moment, on frappa. Une femme de chambre accorde, fraiche et toute jolie avec son bonnet et son tablier, entra sur l'ordre du prince. Elle tenait une lettre et rougit en voyant la tenue débraillée de Mony qui se reculotta : « Ne vous en aller pas, Mademoiselle la jolie blonde, j'ai deux mots à vous dire. » En même temps, il ferma la porte et, saisissant la jolie Mariette par la taille, il l'embrassa goulument sur la bouche. Elle se débattit d'abord serrant très fort les lèvres, mais bientôt, sous l'étreinte, elle commença à s'abandonner, puis sa bouche s'ouvrit. La langue du prince y pénétra aussitôt mordue par Mariette dont la langue mobile vint chatouiller l'extrémité de celle de Mony.

D'une main, le jeune homme entourait sa taille, de l'autre, il relevait ses jupes. Elle ne portait pas de pantalon. Sa main fût rapidement entre deux cuisses grosses

et rondes qu'on ne lui eut pas supposées
car elle était grande et mince. Elle avait
un con très poilu. Elle était très chaude et
la main fut bientôt à l'intérieur d'une fente
humide, tandis que Mariette s'abandonnait
en avançant le ventre. Sa main à elle errait
sur la braguette de Mony qu'elle arriva à
déboutonner. Elle en sortit le superbe boute-
joie qu'elle n'avait fait qu'apercevoir en
entrant. Ils se branlaient doucement ; lui,
lui pinçant le clitoris, elle, pressant son
pouce sur le méat du vit. Il la poussa sur
le sofa où elle tomba assise. Il lui releva
les jambes et se les mit sur les épaules,
tandis qu'elle se dégrafait pour faire jaillir
deux superbes tétons bandants qu'il se mit
à sucer tour à tour en faisant pénétrer dans
le con sa pine brûlante. Bientôt elle se mit
à crier : « C'est bon, c'est bon.... comme
tu le fais bien... » Alors elle donna des
coups de culs désordonnés, puis il la sentit
décharger en disant : « Tiens... je jouis...
tiens...prends tout. » Aussitôt après, elle lui
empoigna brusquement la pine en disant :
« Assez pour ici. » Elle la sortit du con et

se l'entra dans un autre trou tout rond, placé un peu plus bas, comme un œil de cyclope entre deux globes charnus, blancs et frais. La pine, lubréfiée par le foutre féminin, pénétra facilement et, après avoir culeté vivement, le prince lâcha tout son sperme dans le cul de la jolie femme de chambre. Ensuite il sortit sa pine qui fit : « floc » comme quand on débouche une bouteille et sur le bout il y avait encore du foutre mêlé d'un peu de merde. A ce moment, on sonna dans le corridor et Mariette dit : « Il faut que j'aille voir. » Et elle se sauva après avoir embrassé Mony qui lui mit deux louis dans la main. Dès qu'elle fut sortie, il se lava la queue, puis décacheta la lettre qui contenait ceci :

MON BEAU ROUMAIN,

Que deviens-tu ? Tu dois être remis de tes fatigues. Mais souviens-toi de ce que tu m'as dit : « *Si je ne fais pas l'amour vingt fois de suite que onze mille verges me châtient.* » Tu ne l'as pas fait vingt fois, tant pis pour toi.

L'autre jour tu as été reçu dans le foutoir d'Alexine, rue Duphot. Mais maintenant que

nous te connaissons, tu peux venir chez moi.
Chez Alexine, ce n'est pas possible. Elle ne
peut même pas me recevoir, moi. C'est pour ça
qu'elle a un foutoir. Son sénateur est trop
jaloux. Moi je m'en fous ; mon amant est explorateur, il est en train d'enfiler des perles avec
les négresses de la côte d'Ivoire. Tu peux venir
chez moi, 214, rue de Prony. Nous t'attendons
à quatre heures.

CULCULINE D'ANCONE.

Sitôt qu'il eut lu cette lettre, le prince
regarda l'heure. Il était onze heures du
matin. Il sonna pour faire monter le mas-
seur qui le massa et l'encula proprement.
Cette séance le vivifia. Il prit un bain et il
se sentait frais et dispos en sonnant pour le
coiffeur qui le coiffa et l'encula artistique-
ment. Le pédicure-manicure monta ensuite.
Il lui fit les ongles et l'encula vigoureusement. Alors le prince se sentit tout à fait
à l'aise. Il descendit sur les boulevards,
déjeuna copieusement, puis prit un fiacre
qui le mena rue de Prony. C'était un petit
hôtel, tout entier habité par Culculine. Une
vieille bonne l'introduisit. Cette habitation
était meublée avec un goût exquis.

On le fit entrer de suite dans une chambre à coucher dont le lit très bas et en cuivre était très large. Le parquet était recouvert de peaux de bêtes qui étouffaient le bruit des pas. Le prince se déshabilla rapidement et il était tout nu lorsqu'entrèrent Alexine et Culculine dans des déshabillés ravissants. Elles se mirent à rire et l'embrassèrent. Il commença par s'asseoir, puis prit les deux jeunes femmes chacune sur une de ses jambes, mais en relevant leur jupon de façon qu'elles restaient décemment habillées et qu'il sentait leurs culs nus sur ses cuisses. Puis il se mit à les branler chacune d'une main tandis qu'elles lui chatouillaient le vit. Quand il les sentit bien excitées, il leur dit :

— Maintenant nous allons faire la classe.

Il les fit asseoir sur une chaise en face de lui et, après avoir réfléchi un instant, leur dit :

— Mesdemoiselles, je viens de sentir que vous n'avez pas de pantalon. Vous devriez avoir honte. Allez vite en mettre un.

Quand elles revinrent, il commença la classe :

— Mademoiselle Alexine Mangetout, comment s'appelle le roi d'Italie ?

— Si tu crois que ça m'occupe, je n'en sais rien, dit Alexine.

— Allez vous mettre sur le lit, cria le professeur.

Il la fit mettre sur le lit à genoux et le dos tourné, lui fit relever les jupes et écarter la fente du pantalon d'où émergèrent les globes éclatants de blancheur des fesses. Alors il se mit à taper dessus du plat de la main, bientôt le postérieur commença à rougir. Cela excitait Alexine qui faisait beau cul, mais bientôt le prince lui-même n'y tint plus. Passant ses mains autour du buste de la jeune femme il lui empoigna ses tétons sous le peignoir, puis, faisant descendre une main, il lui chatouilla le clitoris et sentit que son con était tout mouillé.

Ses mains à elle n'étaient pas inactives ; elles avaient empoigné la pine du prince et l'avaient dirigée dans le sentier étroit de Sodome. Alexine se penchait de façon à ce que son cul ressortît mieux et pour faciliter l'entrée à la bitte de Mony. Bientôt le gland

fut dedans, le reste suivit et les couilles
venaient battre au bas des fesses de la jeune
femme. Culculine qui s'embêtait se mit aussi
sur le lit et lécha le con d'Alexine qui, fêtée
des deux côtés, jouissait à en pleurer. Son
corps secoué par la volupté, se tordait
comme si elle souffrait. Il s'échappait de sa
gorge des râles voluptueux. La grosse pine
lui remplissait le cul et allant en avant, en
arrière venait heurter la membrane qui
la séparait de la langue de Culculine qui
recueillait le pis provoqué par ce passe-
temps. Le ventre de Mony venait battre le
cul d'Alexine. Bientôt le prince culeta plus
fort. Il se mit à mordre le cou de la jeune
femme. La pine s'enfla. Alexine ne put plus
supporter tant de bonheur, elle s'affala sur
la face de Culculine qui ne cessa pas de
lécher, tandis que le prince la suivait dans
sa chute, pine dans le cul. Encore quelques
coups de reins puis Mony lâcha son foutre.
Elle resta étendue sur le lit tandis que
Mony allait se laver et que Culculine se
levait pour pisser. Elle prit un seau, se mit
debout dessus, les jambes écartées, releva

son jupon et pissa copieusement, puis, pour souffler les dernières gouttes qui restaient dans les poils, elle lâcha un petit pet tendre et discret qui excita considérablement Mony.

« Chie-moi dans les mains, chie-moi dans les mains, » s'écria-t-il. Elle sourit, il se mit derrière elle, tandis qu'elle baissait un peu le cul et commençait à faire des efforts. Elle avait un petit pantalon de batiste transparente au travers duquel on apercevait ses belles cuisses nerveuses. Des bas noirs à jour lui montaient au-dessus du genou et moulaient deux merveilleux mollets d'un galbe incomparable, ni trop gros ni trop maigres. Le cul ressortait dans cette position, admirablement encadré par la fente du pantalon. Mony regardait attentivement les deux fesses brunes et roses, duvetées, animées par un sang généreux. Il apercevait le bas de l'épine dorsale un peu saillante, et en dessous, la raie culière commençait. D'abord large, puis s'étrécissant et devenant profonde au fur et à mesure que l'épaisseur des fesses augmentait ; on arrivait ainsi jusqu'au troufignon brun et rond, tout plissé. Les efforts de la jeune femme eurent d'abord pour effet de dilater le trou du cul et de faire sortir un peu d'une peau lisse et rose qui se trouve à l'intérieur et ressemble à une lèvre retroussée.

« Chie donc, » criait Mony. Bientôt apparut un petit bout de merde, pointu et insignifiant qui montra la tête et rentra aussitôt dans sa caverne. Il reparut ensuite, suivi lentement et majestueusement par le reste du saucisson qui constituait un des plus beaux étrons qu'un gros intestin eût jamais produit.

La merde sortait onctueuse et ininterrompue, filée avec calme comme un cable de navire. Elle pendillait gracieusement entre les jolies fesses qui s'écartaient de plus en plus. Bientôt elle se balança plus fort. Le cul se dilata encore plus, se secoua un peu et la merde tomba, toute chaude et fumante, dans les mains de Mony qui se tendaient pour la recevoir. Alors il cria : « Reste comme ça ! » et se penchant il lui lécha bien le trou du cul en faisant rouler l'étron dans ses mains. Ensuite, il l'écrasa

avec volupté, puis s'en enduisit tout le corps.
Culculine se déshabillait pour faire comme
Alexine qui s'était mise nue et montrait à
Mony son gros cul transparent de blonde :
« Chie-moi dessus, » cria Mony à Alexine
en s'étendant par terre. Elle s'accroupit sur
lui, mais pas complétement. Il pouvait jouir
du spectacle offert par son trou du cul. Les
premiers efforts eurent pour résultats de
faire sortir un peu du foutre que Mony y
avait mis, ensuite vint la merde, jaune et
molle, qui tomba en plusieurs fois et, comme
elle riait et se remuait, la merde tombait de
côté et d'autre sur le corps de Mony qui eut
bientôt le ventre orné de plusieurs de ces
limaces odoriférantes.

Alexine avait pissé en même temps et le
jet tout chaud, tombant sur la pine de
Mony, avait réveillé ses esprits animaux.
La quille commença à se soulever petit à
petit en enflant jusqu'au moment où, arrivée
à sa grosseur normale, le gland se tendait
rouge comme une grosse prune sous les
yeux de la jeune femme qui, s'en rappro-
chant, s'accroupit de plus en plus faisant

pénétrer la pine en érection entre les bords
velus du con large ouvert. Mony jouissait
du spectacle. Le cul d'Alexine, en se bais-
sant étalait de plus en plus sa rotondité
appétissante. Ses rondeurs affriolantes s'af-
firmaient et l'écartement des fesses s'ac-
cusait de plus en plus. Quand le cul fut bien
descendu, que la pine fut complètement
engloutie, le cul se releva et commença un
joli mouvement de va-et-vient qui modifiait
son volume dans des proportions impor-
tantes et c'était un spectacle délicieux.
Mony tout emmerdé jouissait profondément ; bientôt il sentit le vagin se resserrer
et Alexine dit d'une voix étranglée : « Salaud, ça vient… je jouis » et elle lâcha sa
semence. Mais Culculine qui avait assisté à
cette opération et paraissait en chaleur, la
tira brusquement de dessus son pal et se
jetant sur Mony sans s'inquiéter de la merde
qui la salit aussi, s'entra la queue dans le
con en poussant un soupir de satisfaction.
Elle commença à donner des coups de cul
terribles en disant « Han ! » à chaque coup
de reins. Mais Alexine dépitée d'avoir été

dépossédée de son bien, ouvrit un tiroir et
en tira un martinet fait de lanières de cuir.
Elle commença à taper sur le cul de Culculine dont les bonds devinrent encore plus
passionnés. Alexine, excitée par le spectacle,
tapait dur et ferme. Les coups pleuvaient
sur le superbe postérieur. Mony, penchant
un peu la tête de côté, voyait dans une
glace qui faisait vis-à-vis, le gros cul de
Culculine monter et s'abaisser. A la montée
les fesses s'entrouvraient et la rosette apparaissait un instant pour disparaître à la
descente quand les belles fesses joufflues
se serraient. En dessous les lèvres poilues
et distendues du con engloutissaient la pine
énorme qui pendant la montée apparaissait
presqu'entière et mouillée. Les coups d'A-
lexine eurent bientôt rougi complétement
le pauvre cul qui maintenant tressaillait de
volupté. Bientôt un coup laissa une marque
saignante. Toutes les deux, celle qui tapait
et celle qu'on fouettait, déliraient comme
des bacchantes et semblaient jouir autant
l'une que l'autre. Mony lui-même se mit à
partager leur fureur et ses ongles labou-

rèrent le dos satiné de Culculine. Alexine,
pour taper commodément sur Culculine, se
mit à genoux auprès du groupe. Son gros
cul joufflu et secoué à chaque coup qu'elle
donnait, se trouva à deux doigts de la
bouche de Mony.

Sa langue fut bientôt dedans, puis la rage
voluptueuse aidant, il se mit à mordre la
fesse droite. La jeune femme poussa un cri
de douleur. Les dents avaient pénétré et un
sang frais et vermeil vint désaltérer le gosier
oppressé de Mony. Il le lapa, goûtant fort
son goût de fer légèrement salé. A ce moment, les bonds de Culculine devinrent
désordonnés. Les yeux révulsés ne montraient que le blanc. Sa bouche tachée de
la merde qui était sur le corps de Mony,
elle poussa un gémissement et déchargea
en même temps que Mony. Alexine tomba
sur eux épuisée râlante et grinçant des dents
et Mony qui mit sa bouche dans son con
n'eut qu'à donner deux ou trois coups de
langue pour obtenir une décharge. Puis les
nerfs se relâchèrent après quelques soubresauts et le trio s'est étendu dans la merde,

le sang et le foutre. Ils s'endormirent comme cela et lorsqu'ils se réveillèrent les douze coups de minuit tintaient à la pendule de la chambre :

« Ne bougeons pas, j'ai entendu du bruit, dit Culculine, ce n'est pas ma bonne, elle est habituée à ne pas s'occuper de moi. Elle doit être couchée. »

Une sueur froide coulait sur le front de Mony et des deux jeunes femmes. Leurs cheveux se dressaient sur la tête et des frissons parcouraient leurs corps nus et merdeux : « Il y a quelqu'un, » ajouta Alexine; « Il y a quelqu'un, » approuva Mony. A ce moment la porte s'ouvrit et le peu de lumière qui venait de la rue nocturne permit d'apercevoir deux ombres humaines vêtues de pardessus dont le col était relevé et coiffées de chapeaux melons.

Brusquement, le premier fit jaillir la clarté d'une lampe électrique qu'il tenait à la main. La lueur éclaira la pièce mais les cambrioleurs n'aperçurent pas d'abord le groupe étendu sur le plancher.

« Ça sent très mauvais, » dit le premier.

« Entrons tout de même, il doit y avoir du
pèze dans les tiroirs, » répliqua le second. A
ce moment Culculine qui s'était traînée vers
le bouton de l'électricité éclaira brusquement
la pièce.

Les cambrioleurs restèrent interdits devant ces nudités : « Ben, merde ! dit le premier, foi de Cornabœux, vous avez du goût ».
C'était un colosse brun dont les mains étaient
poilues. Sa barbe en broussaille le rendait
encore plus hideux : « Mince de rigolade,
dit le second, moi, la merde, ça me va, ça
porte bonheur ». C'était un pâle voyou borgne qui mâchonnait un mégot de cigarette
éteinte. « T'as raison, La Chaloupe, dit
Cornabœux, je viens justement de marcher
dedans et pour premier bonheur je crois que
je vais enfiler Mademoiselle. Mais d'abord
pensons au jeune homme. » Et se jetant sur
Mony épouvanté, les cambrioleurs le bâillon-
nèrent et lui lièrent les bras et les jambes.
Puis se tournant vers les deux femmes frisson-
nantes mais un peu amusées, La Chaloupe
dit : « Et vous, les mômes, tâchez d'être
gentilles, sans quoi je le dirai à Prosper ».

Il avait une badine à la main et la donna à Culculine en lui ordonnant de taper sur Mony de toutes ses forces. Puis se plaçant derrière elle, il sortit une pine mince comme un petit doigt, mais très longue. Culculine commençait à s'amuser, La Chaloupe débuta par lui claquer les fesses en disant : « Eh ! bien mon gros joufflu tu vas jouer de la flûte, moi je suis pour la terre jaune ». Il maniait et palpait ce gros cul duveteux et ayant passé une main sur le devant il maniait le chiboris, puis brusquement il entra la pine mince et longue. Culculine commença à remuer le cul en tapant sur Mony qui ne pouvait ni se défendre ni crier, gigottait comme un ver à chaque coup de baguette qui laissait une marque rouge bientôt violacée. Puis au fur et à mesure que l'enculade avançait, Culculine excitée tapait plus fort en criant : « Salaud, tiens pour ta sale charogne... La Chaloupe fais-moi entrer ton cure-dent jusqu'au fond ». Le corps de Mony fut bientôt saignant.

Pendant ce temps, Cornabœux avait empoigné Alexine et l'avait jetée sur le lit. Il commença par lui mordiller les nichons qui commencèrent à bander. Puis il descendit jusqu'au con et il le mit entier dans sa bouche tandis qu'il tirait les jolis poils blonds et frisés de la motte. Il se releva et sortit sa pine énorme mais courte dont la tête était violette. Retournant Alexine il se mit à fesser son gros cul rose, de temps en temps il passait sa main dans sa raie culière. Puis il prit la jeune femme sur son bras gauche de façon à ce que son cul fut à portée de la main droite. La gauche la tenait par la barbe du con... ce qui lui faisait mal. Elle se mit à pleurer et ses gémissements augmentèrent lorsque Cornabœux recommença à la fesser à tour de bras. Ses grosses cuisses roses se trémoussaient et le cul frissonnait chaque fois que s'abattait la grosse patte du cambrioleur. A la fin elle essaya de se défendre. De ses petites mains libres elle se mit à griffer sa face barbue. Elle lui tira les poils du visage comme il lui tirait la barbe du con : « Ça va bien », dit Cornabœux et il la retourna.

A ce moment, elle aperçut le spectacle

formé par La Chaloupe enculant Culculine qui tapait sur Mony déjà tout sanglant et cela l'excita. La grosse bitte de Cornabœux venait battre contre son derrière, mais il tapait à faux se cognant à droite et à gauche ou bien un peu plus haut et un peu plus bas, puis quand il trouva le trou, il plaça ses mains sur les reins polis et potelés d'Alexine et la tira à lui de toutes ses forces. La douleur que lui causa cette énorme pine qui lui déchirait le cul l'aurait fait crier de douleur si elle n'avait pas été aussi excitée par tout ce qui venait de se passer. Aussitôt qu'il eut fait entrer la pine dans le cul, Cornabœux la ressortit, puis retournant Alexine sur le lit il lui enfonça son instrument dans le ventre. L'outil entra à grand'peine à cause de son énormité, mais dès qu'il fut dedans, Alexine croisa ses jambes sur les reins du cambrioleur et le tint si serré que même s'il avait voulu sortir il ne l'aurait pas pu. Le culetage fut enragé. Cornabœux lui suçait les tétons et sa barbe la châtouillait en l'excitant, elle passa une main dans le pantalon et fit entrer un doigt dans le trou du cul du cambrioleur. Ensuite ils se mirent à se mordre comme des bêtes sauvages en donnant des coups de cul. Ils déchargèrent frénétiquement. Mais la pine de Cornabœux, étranglée par le vagin d'Alexine recommença à bander. Alexine ferma les yeux pour mieux savourer cette seconce étreinte. Elle déchargea quatorze fois pendant que Cornabœux déchargeait trois fois. Quand elle reprit ses esprits elle s'aperçut que son con et son cul étaient saignants. Ils avaient été blessés par l'énorme bitte de Cornabœux. Elle vit Mony qui faisait des soubresauts convulsifs sur le sol.

Son corps n'était qu'une plaie.

Culculine, sur l'ordre du borgne La Chaloupe, lui suçait la queue à genoux devant lui : « Allons debout, garce, » cria Cornabœux.

Alexine obéit et il lui envoya dans le cul un coup de pied qui la fit tomber sur Mony. Cornabœux lui attacha les bras et les jambes et la bâillonna sans prendre garde à ses supplications, et saisissant la badine il se mit à zébrer de coups son joli corps de fausse maigre. Le cul tressaillait sous chaque coup de baguette, puis ce fut le dos, le ventre, les cuisses, les seins qui reçurent la dégelée. En gigottant et se débattant, Alexine rencontra la bitte de Mony qui bandait comme celle d'un cadavre. Elle s'accrocha, par hasard au con de la jeune femme et y pénétra.

Cornabœux redoubla ses coups et tapa indistinctement sur Mony et Alexine qui jouissaient d'une façon atroce. Bientôt la jolie peau rose de la jeune blonde ne fut plus visible sous les zébrures et le sang qui coulait. Mony s'était évanoui, elle s'évanouit bientôt après. Cornabœux dont le bras commençait à être fatigué, se tourna vers Culculine qui essayait de tailler une plume à La Chaloupe. Mais le bougre ne pouvait pas décharger.

Cornabœux ordonna à la belle brune d'écarter les cuisses. Il eut beaucoup de peine à l'enfiler en levrette. Elle souffrit beaucoup mais stoïquement, ne lâchant pas la pine de La Chaloupe qu'elle suçait. Quand Cornabœux eut bien pris possession du con de Culculine il lui fit lever le bras droit et lui mordilla les poils des aisselles où elle avait une touffe très épaisse. Quand la jouissance arriva elle fut si forte que Culculine s'évanouit en mordant violemment la bitte de La Chaloupe. Il poussa un cri de douleur terrible, mais le gland était détaché. Cornabœux qui venait de décharger sortit brusquement son braquemart du con de Culculine qui tomba évanouie sur le sol. La Chaloupe évanoui perdait tout son sang.

« Mon pauvre La Chaloupe, dit Cornabœux, tu es foutu, il vaut mieux crever de suite », et tirant un couteau il en donna un coup mortel à La Chaloupe en secouant sur le corps de Culculine les dernières gouttes de foutre qui pendaient à son vit. La Chaloupe mourut sans dire : « ouf ».

Cornabœux se reculotta soigneusement, vida tout l'argent des tiroirs et des vêtements, il prit aussi des bijoux, des montres. Puis il regarda Culculine qui gisait évanouie sur le sol : « Il faut venger La Chaloupe », pensa-t-il, et tirant de nouveau son couteau il en donna un coup terrible entre les deux fesses de Culculine qui resta évanouie. Cornabœux laissa le couteau dans le cul. Trois heures du matin sonnèrent aux horloges. Puis il sortit comme il était entré, laissant quatre corps étendus sur le sol de la pièce pleine de sang, de merde, de foutre et d'un désordre sans nom.

Dans la rue, il se dirigea allègrement vers Ménilmontant en chantant :

> Un cul ça doit sentir le cul
> Et non pas l'essence de Cologne...

et aussi :

> Bec...que de gaz
> Bec...que de gaz
> Allume, allume, mon p'tit trognon.

CHAPITRE IV

L E scandale fut très grand. Les journaux parlèrent de cette affaire pendant huit jours. Culculine, Alexine et le prince Vibescu durent garder le lit pendant deux mois. Pendant sa convalescence, Mony entra un soir dans un bar, près de la gare Montparnasse. On y consomme du pétrole, ce qui est une boisson délectable pour les palais blasés sur les autres liqueurs.

En dégustant l'infâme tord-boyaux, le prince dévisageait les consommateurs. L'un d'eux, un colosse barbu, était vêtu en fort de la Halle et son immense chapeau farineux lui donnait l'air d'un demi-dieu de la fable prêt à accomplir un travail héroïque.

Le prince crut reconnaître le visage sympathique du cambrioleur Cornabœux. Tout à coup il l'entendit demander un pétrole, d'une voix tonitruante. C'était bien la voix de Cornabœux. Mony se leva et se dirigea vers lui la main tendue :

— Bonjour Cornabœux, vous êtes aux Halles, maintenant ?

— Moi, dit le fort surpris, comment me connaissez-vous ?

— Je vous ai vu 114, rue de Prony », dit Mony d'un air dégagé.

— Ce n'est pas moi, répondit très effrayé Cornabœux, je ne vous connais pas, je suis fort aux Halles depuis trois ans et assez connu. Laissez-moi tranquille !

— Trêve de sottises, répliqua Mony, Cornabœux tu m'appartiens. Je puis te livrer à la police. Mais tu me plais et si tu veux me suivre, tu seras mon valet de chambre, tu me suivras partout. Je t'associerai à mes plaisirs. Tu m'aideras et me défendras au besoin. Puis, si tu m'es bien fidèle, je ferai ta fortune. Réponds de suite.

— Vous êtes un bon zigue et vous savez parler. Topez-la, je suis votre homme.

Quelques jours après, Cornabœux promu au grade de valet de chambre, bouclait les valises. Le prince Mony était rappelé en toute hâte à Bucharest. Son intime ami, le vice-consul de Serbie, venait de mourir lui laissant tous ses biens qui étaient importants. Il s'agissait de mines d'étain, très productives depuis quelques années, mais qu'il fallait surveiller de très près sous peine d'en voir immédiatement baisser le rapport. Le prince Mony, comme on l'a vu, n'aimait pas l'argent pour lui-même ; il désirait le plus de richesses possibles, mais seulement pour les plaisirs que l'or seul peut procurer. Il avait sans cesse à la bouche cette maxime, prononcée par l'un de ses aïeux : « Tout est à vendre ; tout s'achète ; il suffit d'y mettre le prix ».

Le prince Mony et Cornabœux avaient pris place dans l' « Orient Express » ; la trépidation du train ne manqua point de produire aussitôt son effet, Mony banda comme un Cosaque et jeta sur Cornabœux des regards enflammés. Au dehors, le paysage admirable de l'Est de la France déroulait ses magnificences nettes et calmes. Le salon était presque vide, un vieillard podagre, richement vêtu, geignait en bavant sur le *Figaro* qu'il essayait de lire.

Mony qui était enveloppé dans un ample raglan, saisit la main de Cornabœux et, la faisant passer par la fente qui se trouve à la poche de ce vêtement commode, l'amena à sa braguette. Le colossal valet de chambre comprit le souhait de son maître. Sa grosse main était velue, mais potelée et plus douce qu'on n'aurait supposé. Les doigts de Cornabœux déboutonnèrent délicatement le pantalon du prince. Ils saisirent la pine en délire qui justifiait en tous points le distique fameux d'Alphonse Allais :

La trépidation excitante des trains
Nous glisse des désirs dans la moelle des reins.

Mais un employé de la Compagnie des wagons-lits qui entra, annonça qu'il était l'heure de dîner et que de nombreux voyageurs se trouvaient dans le wagon-restaurant. « Excellente idée, dit Mony, Cornabœux, allons d'abord dîner ! » La main de l'ancien fort sortit de la fente du raglan. Tous deux se dirigèrent vers la salle à manger. La pine du prince bandait toujours, et comme il ne s'était pas reculotté, une bosse proéminait à la surface du vêtement. Le dîner commença sans encombre, bercé par le bruit de ferrailles du train et par les cliquetis divers de la vaisselle, de l'argenterie et de la cristallerie, troublé parfois par le saut brusque d'un bouchon d'*Apollinaris*.

A une table, au fond opposé de celui où dînait Mony, se trouvaient deux femmes blondes et jolies. Cornabœux qui les avait en face les désigna à Mony. Le prince se retourna et reconnut en l'une d'elle, vêtue plus modestement que l'autre, Mariette, l'exquise femme de chambre du Grand-Hôtel. Il se leva aussitôt et se dirigea vers ces dames. Il salua Mariette et s'adressa à l'autre jeune femme qui était jolie et fardée. Ses cheveux décolorés à l'eau oxigénée lui donnaient une allure moderne qui ravit Mony : « Madame, lui dit-il, je vous prie d'excuser ma démarche. Je me présente moi-même, eu égard à la difficulté de trouver dans ce train des relations qui nous seraient communes. Je suis le prince Mony Vibescu, hospodar héréditaire. Mademoiselle, que voici, c'est-à-dire Mariette, qui, sans doute, a quitté le service du Grand-Hôtel pour le vôtre, m'a laissé contracter envers elle une dette de reconnaissance dont je veux m'acquitter aujourd'hui même. Je veux la marier à mon valet de chambre et je leur constitue à chacun une dot de 50.000 francs.

— « Je n'y vois aucun inconvénient, dit la dame, mais voici quelque chose qui n'a pas l'air d'être mal constitué. A qui le destinez-vous ? »

La bitte de Mony avait trouvé une issue et montrait sa tête rubiconde entre deux boutons, devant le prince qui rougit en faisant disparaître l'engin. La dame se prit à rire.

— Heureusement que vous êtes placé de façon à ce que personne ne vous ait vu... ça en aurait fait du joli... Mais répondez donc, pour qui cet engin redoutable ?

— Permettez-moi, dit galamment Mony,

d'en faire l'hommage à votre beauté souveraine.

— Nous verrons ça, dit la dame, en attendant et puisque vous vous êtes présenté,
je vais me présenter aussi... Estelle Ronange...

— La grande actrice du *Français* ? demanda Mony.

La dame inclina la tête.

Mony, fou de joie, s'écria :

— Estelle, j'eusse dû vous reconnaître.
Depuis longtemps j'étais votre admirateur
passionné. En ai-je passé des soirées au
Théâtre-Français, vous regardant dans vos
rôles d'amoureuse ? et, pour calmer mon excitation, ne pouvant me branler en public, je
me fourrais les doigts dans le nez, j'en tirais
de la morve consistante et je la mangeais !
C'était bon ! c'était bon !

— « Mariette, allez dîner avec votre
fiancé, dit Estelle, prince, dînez avec moi. »

Dès qu'ils furent en face l'un de l'autre, le
prince et l'actrice se regardèrent amoureusement :

— Où allez-vous, demanda Mony.

— A Vienne, jouer devant l'Empereur.

— Et le décret de Moscou ?

— Le décret de Moscou, je m'en fous ; je vais envoyer demain ma démission à Claretie... On me met à l'écart... On me fait jouer des pannes... on me refuse le rôle d'Eorakâ dans la nouvelle pièce de notre Mounet-Sully... Je pars... On n'étouffera pas mon talent.

— Récitez-moi quelque chose.... des vers ? demanda Mony.

Elle lui récita, tandis qu'on changeait les assiettes, l'*Invitation au voyage*. Tandis que se déroulait l'admirable poème où Baudelaire a mis un peu de sa tristesse amoureuse, de sa nostalgie passionnée, Mony sentit que les petits pieds de l'actrice montaient le long de ses jambes ; ils atteignirent sous le raglan le vit de Mony qui pendait tristement hors de la braguette. Là, les pieds s'arrêtèrent et, prenant délicatement le vit entre eux, ils commencèrent un mouvement de va-et-vient assez curieux. Durci subitement, le vit du jeune homme se laissa branler par les souliers délicats d'Estelle

Ronange. Bientôt, il commença à jouir et improvisa ce sonnet qu'il récita à l'actrice dont le travail pédestre ne cessa pas jusqu'au dernier vers :

ÉPITHALAME

Tes mains introduiront mon beau membre asinin
Dans le sacré bordel ouvert entre tes cuisses
Et je veux l'avouer, en dépit d'Avinain,
Que me fait ton amour pourvu que tu jouisses!
                                    [suisses,
Ma bouche à tes seins blancs comme des petits-
Fera l'honneur abject des suçons sans venin.
De ma mentule mâle en ton con féminin
Le sperme tombera comme l'or dans les sluices.

O ma tendre putain! tes fesses ont vaincu
De tous les fruits pulpeux le savoureux mystère,
L'humble rotondité sans sexe de la terre,

La lune, chaque mois, si vaine de son cul
Et de tes yeux jaillit même quand tu les voiles
Cette obscure clarté qui tombe les étoiles.

Et comme le vit était arrivé à la limite de l'excitation, Estelle baissa ses pieds en disant :

— Mon prince, ne le faisons pas cracher

dans le wagon restaurant ; que penserait-on de nous... Laissez-moi vous remercier pour l'hommage rendu à Corneille dans la pointe de votre sonnet. Bien que sur le point de quitter la *Comédie-Française* tout ce qui intéresse la maison fait l'objet de mes constantes préoccupations.

— Mais, dit Mony, après avoir joué devant François-Joseph, que comptez-vous faire ?

— Mon rêve, dit Estelle, serait de devenir étoile de café concert.

— Prenez garde, répartit Mony,

L'obscur Monsieur Claretie qui tombe les étoiles

vous fera des procès sans fin.

— T'occupe pas de ça, Mony, fais-moi encore des vers avant d'aller au dodo.

— Bien, dit Mony, et il improvisa ces délicats sonnets mythologiques :

HERCULE ET OMPHALE

Le Cul
D'Omphale
Vaincu
S'affale.

— « Sens-tu
Mon phalle
Aigu ? »
— « Quel mâle !...

Le chien
Me crève !...
Quel rêve !... »

— «...Tiens bien ! »
Hercule
L'encule.

PYRAME ET THISBÉ

Madame
Thisbé
Se pâme :
« Bébé ! »

Pyrame
Courbé
L'entame :
« Hébé ! »

La belle
Dit : « Oui ! »
Puis elle

Jouit,
Tout comme
Son homme.

— C'est exquis ! délicieux ! admirable !
Mony tu es un poète archidivin, viens me
baiser dans le sleeping-car, j'ai l'âme
foutative.

Mony régla les additions. Mariette et
Cornabœux se regardaient langoureuse-
ment. Dans le couloir Mony glissa cinquante francs à l'employé de la compagnie
des wagons-lits qui laissa les deux couples
s'introduire dans la même cabine :

— Vous vous arrangerez avec la douane,
dit le prince à l'homme en casquette, nous
n'avons rien à déclarer. Par exemple, deux
minutes avant le passage de la frontière
vous frapperez à notre porte.

Dans la cabine, ils se mirent tous les
quatre à poil. Mariette fut la première nue.
Mony ne l'avait jamais vue ainsi, mais il
reconnut ses grosses cuisses rondes et la
forêt de poils qui ombrageait son con rebondi. Ses tétons bandaient autant que les
vits de Mony et de Cornabœux.

— Cornabœux, dit Mony, encule-moi
pendant que je fourbirai cette jolie fille.

Le déshabillage d'Estelle était plus long

et quand elle fut à poil. Mony s'était intro-
duit en levrette dans le con de Mariette qui
commençant à jouir, agitait son gros postérieur et le faisait claquer contre le ventre
de Mony. Cornabœux avait passé son nœud
court et gros dans l'anus dilaté de Mony
qui gueulait : « Cochon de chemin de fer !
Nous n'allons pas pouvoir garder l'équi-
libre. » Mariette gloussait comme une poule
et titubait comme une grive dans les vignes.
Mony avait passé les bras autour d'elle et
lui écrasait les tétons. Il admira la beauté
d'Estelle dont la dure chevelure décelait la
main d'un coiffeur habile. C'était la femme
moderne dans toute l'acception du mot :
cheveux ondulés tenus par des peignes
d'écaille dont la couleur allait avec la sa-
vante décoloration de la chevelure. Son
corps était d'une joliesse charmante. Son
cul était nerveux et relevé d'une façon provo-
cante. Son visage fardé avec art lui donnait
l'air piquant d'une putain de haut luxe. Ses
seins tombaient un petit peu mais cela lui
allait très bien, ils étaient petits, menus et
en forme de poire. Quand on les maniait,

ils étaient doux et soyeux, on aurait cru
toucher les pis d'une chèvre laitière et,
quand elle se tournait, ils sautillaient comme
un mouchoir de baptiste roulé en boule que
l'on ferait danser sur la main.

Sur la motte, elle n'avait qu'une petite
touffe de poils soyeux. Elle se mit sur la couchette et faisant une cabriole, jeta ses longues cuisses nerveuses autour du cou de
Mariette qui, ayant ainsi le chat de sa maîtresse devant la bouche, commença à le glot-
tiner gloutonnement, enfonçant le nez entre
les fesses, dans le trou du cul. Estelle avait
déjà fourré sa langue dans le con de sa soubrette et suçait à la fois l'intérieur d'un con
enflammé et la grosse bitte de Mony qui s'y
remuait avec ardeur. Cornabœux jouissait
avec béatitude de ce spectacle. Son gros vit
entré jusqu'à la garde dans le cul poilu du
prince, allait et venait lentement. Il lâcha
deux ou trois bons pets qui empuantèrent
l'atmosphère en augmentant la jouissance
du prince et des deux femmes. Tout à coup.
Estelle se mit à gigotter effroyablement, son
cul se mit à danser devant le nez de Ma-

riette dont les gloussements et les tours de
culs devinrent aussi plus forts. Estelle lan-
çait à droite et à gauche ses jambes gainées
de soie noire et chaussées de souliers à talons Louis XV. En remuant ainsi, elle donna
un coup de pied terrible dans le nez de Cornabœux qui en fut étourdi et se mit à saigner abondamment. « Putain ! » hurla Cornabœux et pour se venger il pinça violemment le cul de Mony. Celui-ci, pris de rage,
mordit terriblement l'épaule de Mariette qui
déchargeait en meuglant. Sous l'effet de la
douleur, elle planta ses dents dans le con de
sa maîtresse qui, hystériquement, serra ses
cuisses autour de son cou. « J'étouffe » arti-
cula difficilement Mariette, mais on ne l'é-
couta pas. L'étreinte des cuisses devint plus
forte. La face de Mariette devint violette, sa
bouche écumante restait fixée sur le con de
l'actrice.

Mony déchargeait, en hurlant, dans un
con inerte. Cornabœux, les yeux hors de la
tête lâchait son foutre dans le cul de Mony
en déclarant d'une voix lâche : « Si tu ne
deviens pas enceinte, t'es pas un homme. »

Les quatre personnages s'étaient affalés. Étendue sur la couchette, Estelle grinçait des dents et donnait des coups de poings de tous côtés en agitant les jambes. Cornabœux pissait par la portière. Mony essayait de retirer son vit du con de Mariette. Mais il n'y avait pas moyen. Le corps de la soubrette ne remuait plus.

— Laisse-moi sortir, lui disait Mony, et il la caressait, puis il lui pinça les fesses, la mordit, mais rien n'y fit.

— Viens lui écarter les cuisses, elle est évanouie ! dit Mony à Cornabœux.

C'est avec une grande peine que Mony put arriver à sortir son vit du con qui s'était effroyablement serré. Ils essayèrent ensuite de faire revenir Mariette, mais rien n'y fit : « Merde ! elle a crampsé », déclara Cornabœux. Et c'était vrai. Mariette était morte étranglée par les jambes de sa maîtresse, elle était morte, irrémédiablement morte.

— Nous sommes frais ! dit Mony. »

— C'est cette salope qui est cause de tout, déclara Cornabœux en désignant Estelle qui commençait à se calmer. Et prenant une brosse à tête dans le nécessaire de voyage d'Estelle, il se mit à lui taper dessus violemment. Les soies de la brosse la piquaient à chaque coup. Cette correction semblait l'exciter énormément.

A ce moment, on frappa à la porte. « C'est le signal convenu, dit Mony, dans quelques instants nous passerons la frontière. Il faut, je l'ai juré, tirer un coup, moitié en France, moitié en Allemagne. Enfile la morte. » Mony, vit bandant, se rua sur Estelle qui, les cuisses écartées, le reçut dans son con brûlant, en criant : « Mets-le jusqu'au fond, tiens !... tiens !... » Les saccades de son cul avaient quelque chose de démoniaque, sa bouche laissait couler une bave qui se mêlant avec le fard, dégoulinait infecte sur le menton et la poitrine ; Mony lui mit sa langue dans la bouche et lui enfonça le manche de la brosse dans le trou du cul. Sous l'effet de cette nouvelle volupté elle mordit si violemment la langue de Mony qu'il dut la pincer jusqu'au sang pour la faire lâcher.

Pendant ce temps, Cornabœux avait retourné le cadavre de Mariette dont la face violette était épouvantable. Il écarta les fesses et fit péniblement entrer son énorme vit dans l'ouverture sodomique. Alors il donna un libre cours à sa férocité naturelle. Ses mains arrachèrent touffes par touffes les cheveux blonds de la morte. Ses dents déchirèrent le dos d'une blancheur polaire, et le sang vermeil qui jaillit, vite coagulé, avait l'air d'être étalé sur de la neige.

Un peu avant la jouissance il introduisit sa main dans la vulve encore tiède et y faisant entrer tout son bras, il se mit à tirer les boyaux de la malheureuse femme de chambre. Au moment de la jouissance il avait déjà tiré deux mètres d'entrailles et s'en était entouré la taille comme d'une ceinture de sauvetage.

Il déchargea en vomissant son repas tant à cause des trépidations du train qu'à cause des émotions qu'il avait ressenties. Mony venait de décharger et regardait avec stupéfaction son valet de chambre hoqueter affreusement en dégueulant sur le cadavre lamentable. Parmi les cheveux sanglants, les boyaux et le sang se mêlaient au dégueulis.

« Porc infâme, s'écria le prince, le viol de
cette fille morte que tu devais épouser selon
ma promesse, pèsera lourd sur toi dans la
vallée de Josaphat. Si je ne t'aimais pas tant
je te tuerais comme un chien. » Cornabœux
se leva sanglant en refoulant les derniers
hoquets de sa dégueulade. Il désigna Estelle
dont les yeux dilatés contemplaient avec
horreur le spectacle immonde :

— C'est elle qui est cause de tout, dé-
clara-t-il.

— Ne sois pas cruel, dit Mony, elle t'a
donné l'occasion de satisfaire tes goûts de
nécrophile.

Et comme on passait sur un pont, le prince
se mit à la portière pour contempler le pa-
norama romantique du Rhin qui déployait
ses splendeurs verdoyantes et se déroulait en
larges méandres jusqu'à l'horizon. Il était
quatre heures du matin, des vaches pais-
saient dans les prés, des enfants dansaient
déjà sous des tilleuls germaniques. Une musique de fifres, monotone et mortuaire, annonçait la présence d'un régiment prussien
et la mélopée se mêlait tristement au bruit

de ferraille du pont et à l'accompagnement sourd du train en marche. Des villages heureux animaient les rives dominées par les burgs centenaires et les vignes rhénanes étalaient à l'infini leur mosaïque régulière et précieuse.

Quand Mony se retourna, il vit le sinistre Cornabœux assis sur le visage d'Estelle. Son cul de colosse couvrait la face de l'actrice. Il avait chié et la merde infecte et molle tombait de tous côtés.

Il tenait un énorme couteau et en labourait le ventre palpitant. Le corps de l'actrice avait des soubresauts brefs. « Attends, dit Mony, reste assis. » Et se couchant sur la mourante, il fit entrer son vit bandant dans le con moribond. Il jouit ainsi des derniers spasmes de l'assassinée, dont les dernières douleurs durent être affreuses et il trempa ses bras dans le sang chaud qui jaillissait du ventre. Quand il eut déchargé, l'actrice ne remuait plus. Elle était raide et ses yeux révulsés étaient pleins de merde.

— Maintenant, dit Cornabœux, il faut se tirer des pieds.

Ils se nettoyèrent et s'habillèrent. Il était six heures du matin. Ils enjambèrent la portière et courageusement se couchèrent en long sur le marche-pied du train lancé à toute vitesse. Puis, à un signal de Cornabœux, ils se laissèrent doucement tomber sur le ballast de la voie. Ils se relevèrent un peu étourdis, mais sans aucun mal et saluèrent d'un geste délibéré le train qui déjà se rapetissait en s'éloignant.

— Il était temps ! dit Mony.

Ils gagnèrent la première ville, s'y reposèrent deux jours, puis reprirent le train pour Bucharest.

Le double assassinat dans l'Orient-Express alimenta les journaux pendant six mois. On ne trouva pas les assassins et le crime fut mis au compte de Jack-l'Éventreur, qui a bon dos.

A Bucharest, Mony recueillit l'héritage du vice-consul de Serbie. Ses relations avec la colonie Serbe firent qu'il reçut, un soir, une invitation à passer la soirée chez Natacha Kolowitch, la femme du colonel emprisonné pour son hostilité contre la dynastie des Obrenovitch.

Mony et Cornabœux arrivèrent vers huit heures du soir. La belle Natacha était dans un salon tendu de noir, éclairé par des cierges jaunes et décoré de tibias et de têtes de morts :

— Prince Vibescu, dit la dame, vous allez assister à une séance secrète du comité anti-dynastique de Serbie. On votera, sans doute, ce soir, la mort de l'infâme Alexandre et de sa putain d'Epouse, Draga Machine ; il s'agit de rétablir le roi Pierre Karageorgévitch sur le trône de ses ancêtres. Si vous révélez ce que vous verrez et entendrez, une main invisible vous tuera où que vous soyez. »

Mony et Cornabœux s'inclinèrent. Les conjurés arrivèrent un par un. André Bar, le journaliste parisien, était l'âme du complot. Il arriva, funèbre, enveloppé dans une cape à l'Espagnole.

Les conjurés se mirent nus et la belle Natacha montra sa nudité merveilleuse. Son cul resplendissait et son ventre dispa-

raissait sous une toison noire et frisée qui
montait jusqu'au nombril.

Elle se coucha sur une table couverte d'un
drap noir. Un pope entra vêtu d'habits sa-
cerdotaux, il disposa les vases sacrés et commença à dire la messe sur le ventre de Natacha. Mony se trouvait près de Natacha, elle
lui saisit le vit et commença à le sucer pendant que la messe se déroulait. Cornabœux
s'était jeté sur André Bar et l'enculait tandis
que celui-ci disait lyriquement : « Je le jure
par cet énorme vit qui me réjouit jusqu'au
fond de l'âme, la dynastie des Obrenovitch
doit s'éteindre avant peu. Pousse Cornabœux ! Ton enculade me fait bander. » Se
plaçant derrière Mony, il l'encula tandis que
celui-ci déchargeait son foutre dans la bouche
de la belle Natacha. A cet aspect, tous les
conjurés s'enculèrent frénétiquement. Ce
n'était, dans la salle, que culs nerveux
d'hommes emmanchés de vits formidables.

Le pope se fit branler deux fois par Natacha et son foutre ecclésiastique s'étalait
sur le corps de la belle colonelle.

— Qu'on amène les époux, s'écria le pope.

On introduisit un couple étrange : un petit garçon de dix ans en habit, le chapeau claque sous le bras, accompagné d'une petite fille ravissante qui n'avait pas plus de huit ans ; elle était vêtue en mariée, son vêtement de satin blanc était orné de bouquets de fleurs d'oranger.

Le pope leur fit un discours et les maria par l'échange de l'anneau. Ensuite, on les engagea à forniquer. Le petit garçon tira une quéquette pareille à un petit doigt et la nouvelle mariée retroussant ses jupons à falbalas montra ses petites cuisses blanches en haut duquel bayait une petite fente imberbe et rose comme l'intérieur du bec ouvert d'un geai qui vient de naître. Un silence religieux planait sur l'assemblée. Le petit garçon s'efforça d'enfiler la petite fille. Comme il ne pouvait y parvenir, on le déculota et pour l'exciter. Mony le fessa gentiment, tandis que Natacha du bout de la langue lui titillait son petit gland et les couillettes. Le petit garçon commença à bander et put ainsi dépuceler la petite fille. Quand ils se furent escrimés pendant dix minutes, on les sépara et Cornabœux saisissant le petit garçon lui défonça le fondement au moyen de son bracquemart puissant. Mony ne put tenir contre son envie de baiser la petite fille. Il la saisit, la mit à cheval sur ses cuisses et lui enfonça dans son minuscule vagin, son bâton vivant. Les deux enfants poussaient des cris effroyables et le sang coulait autour des vits de Mony et de Cornabœux.

Ensuite on plaça la petite fille sur Natacha et le pope qui venait de terminer sa messe lui releva ses jupes et se mit à fesser son petit cul blanc et charmant. Natacha se releva alors et, enfourchant André Bar assis dans un fauteuil, elle se pénétra de l'énorme vit du conjuré. Ils commencèrent une vigoureuse Saint-Georges, comme disent les Anglais.

Le petit garçon, à genoux devant Cornabœux, lui pompait le dard en pleurant à chaudes larmes. Mony enculait la petite fille qui se débattait comme un lapin qu'on va égorger. Les autres conjurés s'enculaient avec des mines effroyables. Ensuite Natacha se leva et se retournant tendit son cul à tous les conjurés qui vinrent le baiser à tour de rôle. A ce moment, on fit entrer une nourrice à visage de madone et dont les énormes nénés étaient gonflés d'un lait généreux. On la fit mettre à quatre pattes et le pope se mit à la traire, comme une vache, dans les vases sacrés. Mony enculait la nourrice dont le cul d'une blancheur resplendissante était tendu à craquer. On fit pisser la petite fille de façon à remplir les calices. Les conjurés communièrent alors sous les espèces du lait et du pipi.

Puis saisissant des tibias, ils jurèrent la mort d'Alexandre Obrenovitch et de sa femme Draga Machine.

La soirée se termina d'une façon infâme. On fit monter de vieilles femmes dont la plus jeune avait soixante-quatorze ans et les conjurés les baisèrent de toutes les manières. Mony et Cornabœux se retirèrent dégoûtés vers trois heures du matin. Rentré chez lui le prince se mit à poil et tendit son beau cul au cruel Cornabœux qui l'encula huit fois de suite sans déculer. Ils appelaient ces séances quotidiennes : leur jouissette pénétrante.

Pendant quelque temps Mony mena cette vie monotone à Bucharest. Le roi de Serbie et sa femme furent assassinés à Belgrade. Leur meurtre appartient à l'histoire et il a été déjà diversement jugé. La guerre entre le Japon et la Russie éclata ensuite.

Un matin le prince Mony Vibescu, tout nu et beau comme l'Apollon du Belvédère faisait 69 avec Cornabœux. Tous deux suçaient goulûment leurs sucres d'orge respectifs et soupesaient avec volupté des rouleaux qui n'avaient rien à voir avec ceux des phonographes. Ils déchargèrent simultanément et le prince avait la bouche pleine de foutre lorsqu'un valet de chambre anglais et fort correct entra, tendant une lettre sur un plateau de vermeil.

La lettre annonçait au prince Vibescu qu'il était nommé lieutenant en Russie, à titre étranger, dans l'armée du général Kouropatkine.

Le prince et Cornabœux manifestèrent leur enthousiasme par des enculades réciproques. Ils s'équipèrent ensuite et se rendirent à Saint-Pétersbourg avant de rejoindre leur corps d'armée.

— La guerre ça me va, déclara Cornaboeux, et les culs des Japonais doivent être savoureux.

— Les cons des Japonaises sont certainement délectables, ajouta le prince en tortillant sa moustache.

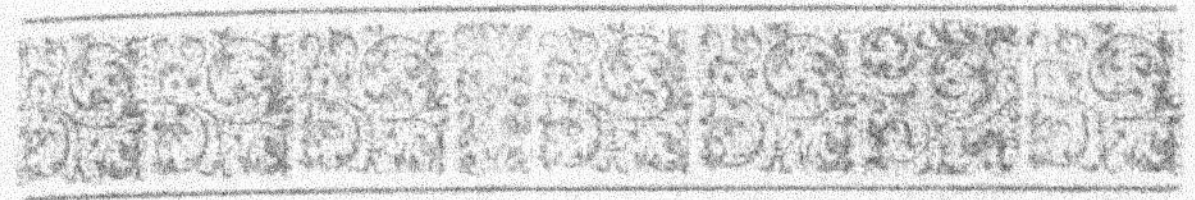

CHAPITRE V

Son Excellence le général Kokodryoff ne peut recevoir en ce moment. Il trempe sa mouillette dans son œuf à la coque.

— Mais, répondit Mony au concierge, je suis son officier d'ordonnance. Vous autres, Pétropolitains, vous êtes ridicules avec vos suspections continuelles... Vous voyez mon uniforme ! On m'a appelé à Saint-Pétersbourg ce n'était pas, je suppose, dans le but de m'y faire subir les rebuffades des portiers ?

— Montrez-moi vos papiers ? dit le cerbère, un Tatar colossal.

— Voilà ! prononça sèchement le prince

en mettant son revolver sous le nez du pipelet terrifié qui s'inclina pour laisser passer l'officier.

Mony monta rapidement (en faisant sonner ses éperons) au premier étage du palais du général prince Kokodryoff avec lequel il devait partir pour l'Extrême Orient. Tout était désert et Mony, qui n'avait vu son général que la veille chez le Tsar, s'étonnait de cette réception. Le général lui avait pourtant donné rendez-vous et c'était l'heure exacte qui avait été fixée.

Mony ouvrit une porte et pénétra dans un grand salon désert et sombre qu'il traversa en murmurant :

— Ma foi, tant pis, le vin est tiré, il faut le boire. Continuons nos investigations.

Il ouvrit une nouvelle porte qui se referma d'elle-même sur lui. Il se trouva dans une pièce plus obscure encore que la précédente.

Une voix douce de femme dit en Français :

— Fédor, est-ce toi ?

— Oui, c'est moi, mon amour ! dit à voix basse, mais résolument Mony dont le cœur battait à se rompre.

Il s'avança rapidement du côté d'où venait la voix et trouva un lit. Une femme était couchée dessus tout habillée. Elle étreignit Mony passionnément en lui dardant sa langue dans la bouche. Celui-ci répondait à ses caresses. Il lui releva les jupes. Elle écarta les cuisses. Ses jambes étaient nues et un parfum délicieux de verveine émanait de sa peau satinée, mêlé aux effluves de l'*odor di femina*. Son con où Mony portait la main était humide. Elle murmurait :

— Baisons... Je n'en peux plus... Méchant, voilà huit jours que tu n'es pas venu.

Mais Mony au lieu de répondre avait sorti sa pine menaçante et, tout armé, il monta sur le lit et fit entrer son bracquemart en colère dans la fente poilue de l'inconnue qui aussitôt agita les fesses en disant :

— Entre bien... Tu me fais jouir...

En même temps elle porta sa main au bas du membre qui la fêtait et se mit à tâter ces deux petites boules qui servent d'appendages et que l'on appelle testicules, non pas comme on le dit communément, parce qu'elles servent de témoins à la consommation de

l'acte amoureux, mais plutôt parce qu'elles
sont les petites têtes qui recèlent la matière
cervicale qui jaillit de la mentule ou petite
intelligence, de même que la tête contient
la cervelle qui est le siège de toutes les
fonctions mentales.

La main de l'inconnue tâtait soigneusement les couilles de Mony. Tout à coup elle
poussa un cri et d'un coup de cul elle dé-
logea son fouteur :

— Vous me trompez, monsieur, s'écria-
t-elle, mon amant en a trois.

Elle sauta du lit, tourna un bouton d'électricité et la lumière fut.

La pièce était simplement meublée : un
lit, des chaises, une table, une toilette, un
poêle. Quelques photographies étaient sur
la table et l'une représentait un officier à
l'air brutal, vêtu de l'uniforme du régiment
de Préobragenski.

L'inconnue était grande. Ses beaux cheveux châtains étaient un peu en désordre.
Son corsage ouvert montrait une poitrine
rebondie, formée par des seins blancs veinés
de bleu qui reposaient douillètement dans

un nid de dentelle. Ses jupons étaient chastement baissés. Debout, le visage exprimant
à la fois la colère et la stupéfaction, elle se
tenait devant Mony qui était assis sur le lit,
la pine en l'air et les mains croisées sur la
poignée de son sabre :

— Monsieur, dit la jeune femme, votre
insolence est digne du pays que vous servez.
Jamais un Français n'aurait eu la goujaterie
de profiter comme vous d'une circonstance
aussi imprévue. Sortez, je vous le com-
mande.

— Madame ou mademoiselle, répondit
Mony, je suis un prince roumain, nouvel
officier d'état-major du prince Kokodryoff.
Récemment arrivé à Saint-Pétersbourg,
j'ignore les usages de cette cité et, n'ayant
pu pénétrer ici, bien que j'y eusse rendez-
vous avec mon chef, qu'en menaçant le
portier de mon revolver, j'eusse crû agir
sottement en ne satisfaisant pas une femme
qui semblait avoir besoin de sentir un
membre dans son vagin.

— Vous auriez dû au moins, dit l'inconnue
en regardant le membre viril qui battait la

mesure, avertir que vous n'étiez pas Fédor, et maintenant allez-vous en.

— Hélas ! s'écria Mony, vous êtes parisienne pourtant, vous ne devriez pas être bégueule... Ah! qui me rendra Alexine Mangetout et Culculine d'Ancône.

— Culculine d'Ancône, s'exclama la jeune femme, vous connaissez Culculine ? Je suis sa sœur Hélène Verdier ; Verdier c'est aussi son vrai nom et je suis institutrice de la fille du général. J'ai un amant, Fédor. Il est officier. Il a trois couilles.

A ce moment on entendit un grand brouhaha dans la rue. Hélène alla voir. Mony regarda derrière elle. Le régiment de Préobrajenski passait. La musique jouait un vieil air sur lequel les soldats chantaient tristement :

Ah! que ta mère soit foutue !
Pauvre paysan pars en guerre,
Ta femme se fera baiser
Par les taureaux de ton étable.
Toi, tu te feras chatouiller le vit
Par les mouches sibériennes
Mais ne leur tends pas ton membre
Le vendredi, c'est jour maigre

Et ce jour là ne leur donne pas de sucre non
Il est fait avec des os de mort.   [plus
Baisons, mes frères paysans, baisons
La jument de l'officier,
Elle a le con moins large
Que les filles des Tatars
Ah ! que ta mère soit foutue !

Tout à coup la musique cessa, Hélène poussa un cri. Un officier tourna la tête. Mony qui venait de voir sa photographie reconnut Fédor qui salua de son sabre en criant : « Adieu Hélène, je pars en guerre... Nous ne nous reverrons plus. » Hélène devint blanche comme une morte et tomba évanouie dans les bras de Mony qui la transporta sur le lit.

Il lui ôta d'abord son corset et les seins se dressèrent. C'était deux superbes tétons dont la pointe était rose. Il les suça un peu, puis dégrafa la jupe qu'il enleva ainsi que les jupons et le corsage. Hélène resta en chemise. Mony très excité releva la toile blanche qui cachait les trésors incomparables de deux jambes sans défaut. Les bas montaient jusqu'à mi cuisses et les cuisses

étaient rondes comme des tours d'ivoire.
Au bas du ventre se cachait la grotte mys-
tique dans un bois sacré fauve comme les
automnes. Cette toison était épaisse et les
lèvres serrées du con ne laissaient apercevoir qu'une raie semblable à une coche
mnémonique sur les poteaux qui servaient
de calendriers aux Incas.

Mony respecta l'évanouissement d'Hélène.
Il lui retira les bas et commença à lui faire
petit salé. Ses pieds étaient jolis, potelés
comme des pieds de bébé. La langue du
prince commença par les orteils du pied
droit. Il nettoya conciencieusement l'ongle
du gros orteil, puis passa entre les join-
tures. Il s'arrêta longtemps sur le petit
orteil qui était mignon, mignon. Il reconnut
que le pied droit avait le goût de framboise.
La langue lécheuse fouilla ensuite les plis
du pied gauche auquel Mony trouva une
saveur qui rappelait celle du jambon de
Mayence.

A ce moment Hélène ouvrit les yeux et
remua. Mony arrêta ses exercices de petit
salé et regarda la jolie fille grande et potelée

s'étirer en pandiculation. Sa bouche ouverte pour le bâillement montra une langue rose entre les dents courtes et ivoirines. Elle sourit ensuite.

HÉLÈNE. — Prince, dans quel état m'avez-vous mise ?

MONY. — Hélène ! c'est pour votre bien que je vous ai mise à votre aise. J'ai été pour vous un bon Samaritain. Un bienfait n'est jamais perdu et j'ai trouvé une récompense exquise dans la contemplation de vos charmes. Vous êtes exquise et Fédor est un heureux gaillard.

HÉLÈNE. — Je ne le verrai plus hélas ! Les Japonais vont le tuer.

MONY. — Je voudrais bien le remplacer, mais par malheur je n'ai pas trois couilles.

HÉLÈNE. — Ne parle pas comme ça Mony, tu n'en as pas trois, c'est vrai, mais ce que tu as est aussi bien que le sien.

MONY. — Est-ce vrai, petite cochonne ? Attends que je déboucle mon ceinturon... C'est fait. Montre moi ton cul... comme il est gros, rond et joufflu... On dirait un ange en train de souffler... Tiens ! il faut

que je te fesse en l'honneur de ta sœur
Culculine.... clic, clac, pan, pan....

HÉLÈNE. — Aie ! aie ! aie ! Tu m'échauffes,
je suis toute mouillée.

MONY. — Comme tu as les poils épais...
clic, clac ; il faut absolument que je le fasse
rougir ton gros visage postérieur. Tiens,
il n'est pas fâché, quand tu le remues un
peu on dirait qu'il rigole.

HÉLÈNE. — Approche-toi que je te débou-
tonne, montre-le moi ce gros poupon qui
veut se réchauffer dans le sein de sa
maman. Qu'il est joli ! Il a une petite tête
rouge et pas de cheveux. Par exemple, il a
des poils en bas à la racine et ils sont durs
et noirs. Comme il est beau, cet orphelin...
mets-le moi, dit ! Mony, je veux le téter,
le sucer, le faire décharger....

MONY. — Attends que je te fasse un peu
feuille de rose...

HÉLÈNE. — Ah ! c'est bon, je sens ta
langue dans la raie de mon cul... Elle
entre et fouille les plis de ma rosette. Ne
le déplisse pas trop, le pauvre troufignon,
n'est-ce pas Mony ? Tiens ! je te fais beau

cul. Ah ! tu as fourré ta figure entière entre
mes fesses… Tiens ! je pette… Je te de-
mande pardon, je n'ai pas pu me retenir !…
Ah ! tes moustaches me piquent et tu
baves… cochon… tu baves. Donne-la moi
ta grosse bitte que je la suce…j'ai soif…

Mony. — Ah ! Hélène, comme ta langue
est habile. Si tu enseignes aussi bien l'or-
thographe que tu tailles les plumes tu dois
être une institutrice épatante… Oh ! tu me
piquottes le trou du gland avec la langue…
Maintenant je la sens à la base du gland…
tu nettoyes le repli avec ta langue chaude.
Ah ! fellatrice sans pareille, tu glottines
incomparablement !… Ne suces pas si fort.
Tu me prends le gland entier dans ta petite
bouche. Tu me fais mal… Ah ! Ah ! Ah !
Ah ! Tu me chatouilles tout le vit… Ah !
Ah ! Ne m'écrases pas les couilles… tes
dents sont pointues… C'est çà, reprends la
tête du nœud, c'est là qu'il faut travailler…
Tu l'aimes bien, le gland ?.. petite truie…
Ah! Ah !… Ah !… Ah !… je… dé…
charge… cochonne… elle a tout avalé…
Tiens donne-le moi ton gros con, que je te

gamahuche pendant que je rebanderai....

HÉLÈNE. — Va plus fort... Agite bien ta langue sur mon bouton..... Le sens-tu grossir mon clitoris... dis... fais-moi les ciseaux... C'est ça... Enfonce bien le pouce dans le con et l'index dans le cul. Ah! c'est bon!... c'est bon!... Tiens! entends-tu mon ventre qui gargouille de plaisir... C'est çà, ta main gauche sur mon nichon gauche... Ecrase la fraise... Je jouis... Tiens!... les sens-tu mes tours de cul, mes coups de reins... salaud!... c'est bon... viens me baiser. Donne-moi vite ta bitte que je la suce pour la faire rebander dur, plaçons-nous en 69, toi sur moi...

Tu bandes ferme cochon, ça n'a pas été long, enfile-moi... Attends, il y a des poils qui se sont pris. Suce-moi les nichons... comme ça, c'est bon!... Entre bien au fond... là, reste comme çà, ne t'en va pas... Je te serre... Je serre les fesses... Je vais bien... Je meurs... Mony... ma sœur, l'as-tu fait autant jouir?... pousse bien... ça me va jusqu'au fond de l'âme...

ça me fais jouir comme si je mourais... je
n'en peux plus... cher Mony... partons
ensemble. Ah ! je n'en peux plus, je lâche
tout... je décharge...

Mony et Hélène déchargèrent en même
temps. Il lui nettoya ensuite le con avec la
langue et elle lui en fit autant pour le vit.

Pendant qu'il se rajustait et qu'Hélène se
rhabillait on entendit des cris de douleur
poussés par une femme.

— Ce n'est rien, dit Hélène, on fesse Nadèje : c'est la femme de chambre de Wanda,
la fille du général et mon élève.

— Fais-moi voir cette scène, dit Mony.

Hélène, à moitié vêtue, mena Mony dans
une pièce sombre et démeublée dont une
fausse fenêtre intérieure et vitrée donnait
sur une chambre de jeune fille. Wanda, la
fille du général, était une assez jolie personne de dix-sept ans. Elle brandissait une
nagaïka à tour de bras et cinglait une très
jolie fille blonde, à quatre pattes devant elle
et les jupes relevées. C'était Nadèje. Son cul
était merveilleux, énorme, rebondi. Il se
dandinait sous une taille invraisemblable-

ment fine. Chaque coup de nagaïka la faisait bondir et le cul semblait se gonfler. Il était rayé en croix de Saint André, traces qu'y laissait la terrible nagaïka :

— Maîtresse, je ne le ferai plus, criait la fouettée, et son cul en se relevant montrait un con bien ouvert, ombragé par une forêt de poils blond filasse.

— Va-t-en, maintenant, cria Wanda en donnant un coup de pied dans le con de Nadèje qui s'enfuit en hurlant.

Puis la jeune fille alla ouvrir un petit cabinet d'où sortit une petite fille de 13 à 14 ans mince et brune, d'aspect vicieux.

— C'est Ida, la fille du drogman de l'Ambassade d'Autriche-Hongrie, murmura Hélène à l'oreille de Mony, elle gougnotte avec Wanda.

En effet, la petite fille jeta Wanda sur le lit, lui releva les jupes et mit à jour une forêt de poils, forêt vierge encore, d'où émergea un clitoris long comme le petit doigt, qu'elle se mit à sucer frénétiquement.

— Suce bien, mon Ida, dit amoureusement Wanda, je suis très excitée et tu dois l'être aussi. Rien n'est si excitant que de fouetter un gros cul comme celui de Nadèje. Ne suce plus, maintenant... je vais te baiser.

La petite fille se plaça, jupes relevées, près de la grande. Les grosses jambes blanches de celle-ci contrastaient singulièrement avec les cuisses minces, brunes et nerveuses de celle-là.

— C'est curieux, dit Wanda, que je t'aie dépucelée avec mon clitoris et que moi-même je sois encore vierge.

Mais l'acte avait commencé, Wanda étreignait furieusement sa petite amie. Elle caressa un moment son petit con encore presque imberbe. Ida disait :

— Ma petite Wanda, mon petit mari, comme tu as des poils ! baise-moi !

Bientôt le clitoris entra dans la fente d'Ida et le beau cul potelé de Wanda s'agita furieusement.

Mony que ce spectacle mettait hors de lui passa une main sous les jupes d'Hélène et la branla savamment. Elle lui rendit la pareille en saisissant à pleine main sa grosse queue et lentement, pendant que les

deux saphiques s'étreignaient éperdûment,
elle manuélisa la grosse queue de l'officier.
Décalotté, le membre fumait. Mony tendait
les jarrets et pinçait nerveusement le petit
bouton d'Hélène. Tout à coup Wanda, rouge
et échevelée, se leva de dessus sa petite
amie qui, saisissant une bougie dans le
bougeoir, acheva l'œuvre commencée par
le clitoris bien développé de la fille du
général. Wanda alla à la porte, appela Na-
dège qui revint effrayé. La jolie blonde, sur
l'ordre de sa maîtresse, dégrafa son corsage
et en fit sortir ses gros tétons, puis releva
les jupes et tendit son cul. Le clitoris en
érection de Wanda pénétra bientôt entre
les fesses satinées dans lesquelles elle alla
et vint comme un homme. La petite fille
Ida, dont la poitrine maintenant dénudée
était charmante mais plate, vint continuer
le jeu de sa bougie, assise entre les jambes
de Nadèje dont elle suça savamment le con.
Mony déchargea à ce moment sous la pres-
sion exercée des doigts d'Hélène et le
foutre alla s'étaler sur la vitre qui les séparait des gougnottes. Ils eurent peur qu'on

ne s'aperçut de leur présence et s'en allèrent.

Ils passèrent enlacés dans un corridor :

— Que signifie, demanda Mony, cette phrase que ma dite le portier : « le général est en train de tremper sa mouillette dans son œuf à la coque ? »

— Regarde, répondit Hélène, et par une porte entr'ouverte qui laissait voir dans le cabinet de travail du général, Mony aperçut son chef debout et en train d'enculer un petit garçon charmant. Ses cheveux châtains bouclés lui retombaient sur les épaules. Ses yeux bleus et angéliques contenaient l'innocence des éphèbes que les dieux font mourir jeunes parcequ'ils les aiment. Son beau cul blanc et dur semblait n'accepter qu'avec pudeur le cadeau viril que lui faisait le général qui ressemblait assez à Socrate.

— Le général, dit Hélène, élève lui-même son fils qui a douze ans. La métaphore du portier était peu explicite car, plutôt que de se nourrir lui-même, le général a trouvé cette méthode convenable pour nourrir et orner l'esprit de son rejeton mâle. Il lui inculque par le fondement une science qui me paraît assez solide, et le jeune prince pourra sans honte plus tard faire bonne figure dans les conseils de l'empire.

— L'inceste, dit Mony, produit des miracles.

Le général semblait au comble de la jouissance, il roulait des yeux blancs striés de rouge.

— Serge, s'écriait-il d'une voix entrecoupée, sens-tu bien l'instrument qui, non satisfait de t'avoir engendré, a également assumé la tâche de faire de toi un jeune homme parfait? Souviens-toi, Sodome est un symbole civilisateur. L'homosexualité eût rendu les hommes semblables à des dieux et tous les malheurs découlent de ce désir que des sexes différents prétendent avoir l'un de l'autre. Il n'y a qu'un moyen aujourd'hui de sauver la malheureuse et sainte Russie, c'est que philopèdes, les hommes professent définitivement l'amour socratique pour les encroupés, tandis que les femmes iront au rocher de Leucade prendre des leçons de saphisme.

Et poussant un râle de volupté, il déchargea dans le cul charmant de son
fils.

CHAPITRE VI

LE siège de Port-Arthur était commencé. Mony et son ordonnance Cornabœux y étaient enfermés avec les troupes du brave Stoessel.

Pendant que les Japonais essayaient de forcer l'enceinte fortifiée de fils de fer, les défenseurs de la place se consolaient des cannonnades qui menaçaient de les tuer à chaque instant, en fréquentant assidûment les cafés chantants et les bordels qui étaient restés ouverts.

Ce soir-là Mony avait copieusement diné en compagnie de Cornabœux et de quelques journalistes. On avait mangé un excellent filet de cheval, des poissons péchés dans le port et des conserves d'ananas ; le tout arrosé d'excellent vin de champagne.

A vrai dire, le dessert avait été interrompu par l'arrivée inopinée d'un obus qui éclata, détruisant une partie du restaurant et tuant quelques-uns des convives. Mony était tout guilleret de cette aventure, il avait avec sang-froid, allumé son cigare à la nappe qui avait pris feu. Il s'en allait avec Cornabœux vers un café-concert :

— Ce sacré général Kokodryof, dit-il en chemin, était un stratège remarquable sans doute, il avait deviné le siège de Port-Arthur et vraisemblablement m'y a fait envoyer pour se venger de ce que j'avais surpris ses relations incestueuses avec son fils. De même qu'Ovide, j'expie le crime de mes yeux, mais je n'écrirai ni les *Tristes* ni les *Pontiques*. Je préfère jouir du temps qui me reste à vivre.

Quelques boulets de canon passèrent en sifflant au-dessus de leur tête, ils enjambèrent une femme qui gisait coupée en deux par un boulet et arrivèrent ainsi devant *Les Délices du petit Père.*

C'était le beuglant chic de Port-Arthur.
Ils entrèrent. La salle était pleine de fumée.
Une chanteuse allemande, rousse, et de
chairs débordantes, chantait avec un fort
accent berlinois, applaudie frénétiquement
par ceux des spectateurs qui comprenaient
l'Allemand. Ensuite quatre *girls* anglaises,
des *sisters* quelconques, vinrent danser un
pas de gigue, compliqué de cake-walk et de
matchiche. C'étaient de fort jolies filles.
Elles relevaient haut leurs jupes froufrou-
tantes pour montrer un pantalon garni de
fanfreluches, mais heureusement le pantalon
était fendu et l'on pouvait apercevoir parfois
leurs grosses fesses encadrées par la baptiste du pantalon, ou les poils qui estom-
paient la blancheur de leur ventre. Quand
elles levaient la jambe, leurs cons s'ouvraient tout moussus. Elles chantaient :

My cosey corner girl

et furent beaucoup plus applaudies que la
ridicule *fraulein* qui les avait précédées.

Des officiers russes, probablement trop
pauvres pour se payer des femmes, se bran-

laient conciènscieusement en contemplant les yeux dilatés, ce spectacle paradisiaque au sens mahométan.

De temps en temps, un puissant jet de foutre jaillissait d'un de ces vits pour aller s'aplatir sur un uniforme voisin ou même dans une barbe.

Après les *girls*, l'orchestre attaqua une marche bruyante et le numéro sensationnel se présenta sur la scène. Il était composé d'une Espagnole et d'un Espagnol. Leurs costumes toréadoresques produisirent une vive impression sur les spectateurs qui entonnérent un *Bojé Isaria Krany* de circonstance.

L'Espagnole était une superbe fille convenablement disloquée. Des yeux de jais brillaient dans sa face pâle d'un ovale parfait. Ses hanches étaient faites au tour et les paillettes de son vêtement éblouissaient.

Le Torero, svelte et robuste, tortillait aussi une croupe dont la masculinité devait avoir sans doute quelques avantages.

Ce couple intéressant lança d'abord dans la salle, de la main droite, tandis que la gauche reposait sur la hanche cambrée, une couple de baisers qui firent fureur. Puis, ils dansèrent lascivement à la mode de leur pays. Ensuite l'Espagnole releva ses jupes jusqu'au nombril et les agrafa de façon à ce qu'elle resta ainsi découverte jusqu'à l'ornière ombilicale. Ses longues jambes étaient gainées dans des bas de soie rouge qui montaient jusqu'aux trois quarts des cuisses. Là, elles étaient attachées au corset par des jaretelles dorées auxquelles venaient se nouer les soies qui retenaient un loup de velours noir plaqué sur les fesses de façon à masquer le trou du cul. Le con était caché par une toison d'un noir bleu qui frisottait.

Le torero, tout en chantant, sortit son vit très long et très dur. Ils dansèrent ainsi, ventre en avant, semblant se chercher et se fuir. Le ventre de la jeune femme ondulait comme une mer soudain consistante, ainsi l'écume méditerranéenne se condensa pour former le ventre pur d'Aphrodite.

Tout à coup, et comme par enchantement, le vit et le con de ces histrions se joignirent et l'on crut qu'ils allaient simplement copuler sur la scène.

Mais point.

De son vit bien emmanché le torero souleva la jeune femme qui plia les jambes et ne toucha plus terre. Il se promena un moment. Puis les valets du théâtre ayant tendu un fil de fer à trois mètres au-dessus des spectateurs, il monta dessus et funambule obscène, promena ainsi sa maîtresse au-dessus des spectateurs congestionnés, à travers la salle de spectacle. Il revint ensuite à reculons sur la scène. Les spectateurs applaudissaient à tout rompre et admirèrent fort les appas de l'Espagnole dont le cul masqué semblait sourire car il était troué de fossettes.

Alors ce fut le tour de la femme. Le torero plia les genoux et solidement emmanché dans le con de sa compagne, fut promené aussi sur la corde raide.

Cette fantaisie funambulesque avait excité Mony :

— Allons au bordel, dit-il à Cornabœux.

Les Samouraï joyeux tel était l'agréable

nom du lupanar à la mode pendant le siège de Port-Arthur.

Il était tenu par deux hommes, deux anciens poètes symbolistes qui, s'étant épousés par amour, à Paris, étaient venus cacher leur bonheur en Extrême-Orient. Ils exerçaient le métier lucratif de tenancier de bordel et s'en trouvaient bien. Ils s'habillaient en femmes et se disaient gousses sans avoir renoncé à leurs moustaches et à leurs noms masculins.

L'un était Adolphe Terré. C'était le plus vieux. Le plus jeune eut son heure de célébrité à Paris. Qui ne se souvient du manteau gris perle et du tour de cou en hermine de Tristan de Vinaigre?

— Nous voulons des femmes, dit en français Mony à la caissière qui n'était autre qu'Adolphe Terré. Celui-ci commença un de ses poèmes :

Un soir qu'entre Versailles et Fontainebleau
Je suivais une nymphe dans les forêts bruissantes
Mon vit banda soudain pour l'occasion chauve
Qui passait maigre et droite diaboliquent idylli-
Je l'enfilai trois puis me saoulai vingt jours [que

J'eus une chaude pisse mais les dieux protégeaient
Le poète. Les glycines ont remplacé mes poils
Et Virgile chia sur moi, ce distique versaillais….

— Assez, assez, dit Cornabœux, des
femmes, nom de Dieu !

— Voici la sous-maîtresse ! dit respec-
tueusement Adolphe.

La sous-maîtresse, c'est-à-dire le blond
Tristan de Vinaigre, s'avança gracieusement
et, dardant ses yeux bleus sur Mony, prononça d'une voix chantante ce poème his-
torique :

Mon vit à rougi d'une allégresse vermeille
Au printemps de mon âge   [lourds
Et mes couilles ont balancé comme des fruits
Qui cherchent la corbeille.

La toison somptueuse où s'enclôt ma verge
Se pagnotte très épaisse   [tous côtés!)
Du cul à l'aine et de l'aine au nombril (enfin, de
En respectant mes frêles fesses,
Immobiles et crispées quand il me faut chier
Sur la table trop haute et le papier glacé
Les chauds étrons de mes pensées.

— Enfin, dit Mony, est-ce un bordel ici,
ou un chalet de nécessité ?

— Toutes ces dames au salon ! cria Tristan et, en même temps, il donna une serviette à Cornabœux en ajoutant :

— Une serviette pour deux, Messieurs... Vous comprenez... en temps de siège.

Adolphe perçut les 360 roubles que coutaient les relations avec des putains à Port-Arthur. Les deux amis entrèrent au salon. Un spectacle incomparable les y attendait.

Les putains, vêtues de peignoirs groseille, cramoisi, bleu guimet ou bordeaux, jouaient au bridge en fumant des cigarettes blondes.

A ce moment, il y eut un fracas épouvantable ; un obus trouant le plafond tomba lourdement sur le sol où il s'enfonça comme un bolide, juste au centre du cercle formé par les joueuses de bridge. Par bonheur, l'obus n'éclata pas. Toutes les femmes tombèrent à la renverse en poussant des cris. Leurs jambes se relevèrent et elles montrèrent l'as de pique aux yeux concupiscents des deux militaires. Ce fut un étalage admirable de culs de toutes les nationalités, car ce bordel modèle possédait des putains de toutes races. Le cul en forme de poire de

la Frisonne contrastait avec les culs rebondis
des Parisiennes, les fesses merveilleuses des
Anglaises, les postérieurs carrés des Scan-
dinaves et les culs tombants des Catalanes.
Une négresse montra une masse tourmentée
qui ressemblait plutôt à un cratère volca-
nique qu'à une croupe féminine. Dès qu'elle
fut relevée, elle proclama que le camp
adverse était grand chelem, tant on s'ac-
coutume vite aux horreurs de la guerre.

— Je prends la négresse, déclara Cornabœux, tandis que cette reine de Saba, se
levant en s'entendant nommer, saluait son
Salomon de ces paroles amènes.

— Ti viens piner ma g'osse patate, missé
le géné'al ?

Cornabœux l'embrassa gentiment. Mais
Mony n'était pas satisfait de cette exhibition
internationale :

— Où sont les Japonaises ? demanda-
t-il.

— C'est cinquante roubles de plus, déclara la sous-maîtresse en retroussant ses
fortes moustaches, vous comprenez, c'est
l'ennemi !

Mony paya et on fit entrer une vingtaine de mousmés dans leur costume national.

Le prince en choisit une qui était charmante et la sous-maîtresse fit entrer les deux couples dans un retiro aménagé dans un but foutatif.

La négresse qui s'appelait Cornélie et la mousmé qui répondait au nom délicat de Kilyému, c'est-à-dire : bouton de fleur du néflier du Japon, se déshabillèrent en chantant l'une en sabir tripolitain, l'autre en bitchlamar.

Mony et Cornabœux se déshabillèrent.

Le prince laissa, dans un coin, son valet de chambre et la négresse et ne s'occupa plus que de Kilyému dont la beauté enfantine et grave à la fois l'enchantait.

Il l'embrassa tendrement et, de temps à autre, pendant cette belle nuit d'amour on entendait le bruit du bombardement. Des obus éclataient avec douceur. On eût dit qu'un prince oriental offrait un feu d'artifice en l'honneur de quelque princesse géorgienne et vierge.

Kilyému était petite mais très bien faite.

son corps était jaune comme une pêche, ses seins petits et pointus étaient durs comme des balles de tennis. Les poils de son con étaient réunis en une petite touffe rèche et noire, on eut dit d'un pinceau mouillé.

Elle se mit sur le dos et ramenant ses cuisses sur son ventre, les genoux pliés, elle ouvrit ses jambes comme un livre.

Cette posture impossible à une Européenne étonna Mony.

Il en goûta bientôt les charmes. Son vit s'enfonça tout entier jusqu'aux couilles dans un con élastique qui, large d'abord, se resserra bientôt d'une façon étonnante.

Et cette petite fille qui semblait à peine nubile avait le casse-noisette. Mony s'en aperçut bien lorsqu'après les derniers soubresauts de volupté, il déchargea dans un vagin qui s'était follement resserré et qui tétait le vit jusqu'à la dernière goutte...

— Raconte-moi ton histoire, dit Mony à Kilyému tandis qu'on entendait dans le coin les hoquets cyniques de Cornabœux et de la négresse.

Kilyému s'assit :

— Je suis, dit-elle, la fille d'un joueur de *sammisen*, c'est une sorte de guitare, on en joue au théâtre. Mon père figurait le chœur et, jouant des airs tristes, récitait des histoires lyriques et cadencés dans une loge grillée de l'avant-scène.

Ma mère, la belle Pêche de Juillet, jouait les principaux rôles de ces longues pièces qu'affectionne la dramaturgie nipponne.

Je me souviens qu'on jouait les *Quarante-sept Roonins*, la *Belle Siguenaï*, ou bien *Taïko*.

Notre troupe allait de ville en ville, et cette nature admirable où j'ai grandi se représente toujours à ma mémoire dans les moments d'abandon amoureux.

Je grimpais dans les *Matsous*, ces conifères géants ; j'allais voir se baigner dans les rivières les beaux Samouraïs nus, dont la mentule énorme n'avait aucune signification pour moi, à cette époque, et je riais avec les servantes jolies et hilares qui venaient les essuyer.

Oh ! faire l'amour dans mon pays toujours fleuri ! Aimer un lutteur trapu sous des ce-

risiers roses et descendre des collines en
s'embrassant !

Un matelot, en permission de la Compagnie du *Nippon Josen Kaïsha* et qui était mon
cousin me prit un jour ma virginité.

Mon père et ma mère jouaient le *Grand
Voleur* et la salle était comble. Mon cousin
m'emmena promener. J'avais treize ans. Il
avait voyagé en Europe et me racontait les
merveilles d'un univers que j'ignorais. Il
m'amena dans un jardin désert plein d'iris,
de camélias rouge sombre, de lys jaunes et
de lotos pareils à ma langue tant ils étaient
joliment roses. Là, il m'embrassa et me demanda si j'avais fait l'amour, je lui dis que
non. Alors il défit mon kimono et me chatouilla les seins, cela me fit rire mais je
devins très sérieuse lorsqu'il eut mis dans
ma main un membre dur, gros et long.

— Que veux-tu en faire? lui demandais-je.

Sans me répondre, il me coucha, me mit
les jambes à nu et me dardant sa langue
dans la bouche, il pénétra ma virginité.
J'eus la force de pousser un cri qui dut
troubler les graminées et les beaux chrysan-

thèmes du grand jardin désert, mais aussitôt la volupté s'éveilla en moi.

Un armurier m'enleva ensuite, il était beau comme le Daïbouz de Kamakoura, et il faut parler religieusement de sa verge qui semblait de bronze doré et qui était inépuisable. Tous les soirs avant l'amour je me croyais insatiable, mais lorsque j'avais senti quinze fois la chaude semence s'épancher dans ma vulve, je devais lui offrir ma croupe lasse pour qu'il pût s'y satisfaire, ou lorsque j'étais trop fatiguée, je prenais son membre dans la bouche et le suçais jusqu'à ce qu'il m'ordonnât de cesser ! Il se tua pour obéir aux prescriptions du Bushido, et en accomplissant cet acte chevaleresque me laissa seule et inconsolée.

Un Anglais de Yokohama me recueillit. Il sentait le cadavre comme tous les Européens, et longtemps je ne pus me faire à cette odeur. Aussi le suppliais-je de m'enculer pour ne pas voir devant moi sa face bestiale à favoris roux. Pourtant à la fin je m'habituai à lui et, comme il était sous ma domination, je le forçais à me lécher la vulve jusqu'à ce que sa langue, prise de crampe, ne pût plus remuer.

Une amie dont j'avais fait connaissance à Tokyo et que j'aimais à la folie venait me consoler.

Elle était jolie comme le printemps et il semblait que deux abeilles étaient toujours posées sur la pointe de ses seins. Nous nous satisfaisions avec un morceau de marbre jaune taillé par les deux bouts en forme de vit. Nous étions insatiables et, dans les bras l'une de l'autre, éperdues, écumantes et hurlantes, nous nous agitions furieusement comme deux chiens qui veulent ronger le même os.

L'Anglais un jour devint fou, il se croyait le Shogun et voulait enculer le Mikado.

On l'emmena et je fis la putain en compagnie de mon amie jusqu'au jour où je devins amoureuse d'un Allemand, grand, fort, imberbe, qui avait un grand vit inépuisable. Il me battait et je l'embrassais en pleurant. A la fin, rouée de coups, il me faisait l'aumône de son vit et je jouissais comme une possédée en l'étreignant de toutes mes forces.

Un jour nous prîmes le bateau, il m'emmena à Shangaï et me vendit à une maquerelle. Puis il s'en alla, mon bel Egon, sans tourner la tête, me laissant désespérée, avec les femmes du bordel qui riaient de moi. Elles m'apprirent bien le métier, mais lorsque j'aurai beaucoup d'argent je m'en irai, en honnête femme, par le monde pour trouver mon Egon, sentir encore une fois son membre dans ma vulve et mourir en pensant aux arbres roses du Japon.

La petite Japonaise, droite et sérieuse, s'en alla comme une ombre, laissant Mony, les larmes aux yeux, réfléchir à la fragilité des passions humaines.

Il entendit alors un ronflement sonore et tournant la tête, aperçut la négresse et Cornabœux endormis chastement aux bras l'un de l'autre, mais ils étaient monstrueux tous deux. Le gros cul de Cornélie ressortait, reflétant la lune dont la lueur venait par la fenêtre ouverte. Mony sortit son sabre du fourreau et piqua dans cette grosse pièce de viande.

Dans la salle, on criait aussi. Cornabœux

et Mony sortirent avec la négresse. La salle était pleine de fumée. Quelques officiers russes ivres et grossiers y étaient entrés et, vomissant des jurons immondes, s'étaient précipités sur les Anglaises du bordel qui, rebutées par l'aspect ignoble de ces soudards, murmurèrent des *Bloody* et des *Damned* à qui mieux mieux.

Cornabœux et Mony contemplèrent un instant le viol des putains, puis sortirent pendant une enculade collective et faramineuse, laissant désespérés Adolphe Terré et Tristan de Vinaigre qni essayaient de rétablir l'ordre et s'agitaient vainement, empêtrés dans leurs jupons de femme.

Au même instant entra le général Stoessel et tout le monde de rectifier la position, même la négresse.

Les Japonais venaient de livrer le premier assaut à la ville assiégée.

Mony eut presque envie de revenir sur ses pas pour voir ce que ferait son chef, mais on entendait des cris sauvages du côté des remparts.

Des soldats arrivèrent amenant un prisonnier. C'était un grand jeune homme, un Allemand qu'on avait trouvé à la limite des travaux de défense, en train de détrousser des cadavres. Il criait en allemand :

— Je ne suis pas un voleur. J'aime les Russes, je suis venu courageusement à travers les lignes Japonaises pour me proposer comme tante, tapette, enculé. Vous manquez sans doute de femmes et ne serez pas fâchés de m'avoir.

— A mort, crièrent les soldats, à mort, c'est un espion, un maraudeur, un détrousseur de cadavres !

Aucun officier n'accompagnait les soldats, Mony s'avança et demanda des explications :

— Vous vous trompez, dit-il à l'étranger, nous avons des femmes en abondance, mais votre crime doit être vengé. Vous allez être enculé, puisque vous y tenez, par les soldats qui vous ont pris et vous serez empalé ensuite. Vous mourrez ainsi comme vous avez vécu et c'est la plus belle mort au témoignage des moralistes .. Votre nom ?

— Egon Müller, déclara l'homme en tremblant.

— C'est bien, dit sèchement Mony, vous
venez de Yokohama et vous avez trafiqué
honteusement, en vrai maquereau, de votre
maîtresse, une Japonaise nommée Kilyému.
Tante, espion, maquereau et détrousseur
de cadavres, vous êtes complet. Qu'on pré-
pare le poteau et vous, soldats, enculez-le...
vous n'avez pas tous les jours une pareille
occasion.

On mit nu le bel Egon. C'était un garçon
d'une beauté admirable et ses seins étaient
arrondis comme ceux d'un hermaphrodite.
A l'aspect de ces charmes, les soldats sortirent leurs vits concupiscents.

Cornabœux fut touché, les larmes aux
yeux il demanda à son maître d'épargner
Egon, mais Mony fut inflexible et ne permit
à son ordonnance que de se faire sucer le
vit par le charmant éphèbe qui, le cul tendu,
reçut, à tour de rôle, dans son anus dilaté,
les bittes rayonnantes des soldats qui, en
bonnes brutes, chantaient des hymnes reli-
gieuses en se félicitant de leur capture.

L'espion, après qu'il eût reçu la troisième
décharge commença à jouir furieusement et

il agitait son cul en suçant le vit de Cornabœux comme s'il eût eu encore trente années de vie devant lui.

Pendant ce temps on avait dressé le pal de fer qui devait servir de siège au giton.

Quand tous les soldats eurent enculé le prisonnier, Mony dit quelques mots à l'oreille de Cornabœux qui était encore béat de la plume qu'on venait de lui tailler.

Cornabœux alla jusqu'au bordel et en revint bientôt accompagné de la jeune putain Japonaise Kilyému, qui se demandait ce qu'on lui voulait.

Elle aperçut tout à coup Egon que l'on venait de ficher, bâillonné sur le pal de fer. Il se contorsionnait et la pique lui pénétrait petit à petit dans le fondement. Sa pine par devant bandait à se rompre.

Mony désigna Kilyému aux soldats et la pauvre petite femme regardait son amant empalé avec des yeux où la terreur, l'amour et la compassion se mélaient en une désolation suprême. Les soldats la mirent nue et hissèrent son pauvre petit corps d'oiseau sur celui de l'empalé.

Ils écartèrent les jambes de la malheureuse et le vit gonflé qu'elle avait tant désiré, la pénétra encore.

La pauvre petite âme simple ne comprenait pas cette barbarie, mais le vit qui la remplissait, l'excitait trop à la volupté. Elle devint comme folle et s'agitait faisant descendre petit à petit le corps de son amant le long du pal. Il déchargea en expirant.

C'était un étrange étendard que celui formé par cet homme bâillonné et cette femme qui s'agitait sur lui, bouche tordue!... Un sang sombre formait une mare au pied du pal.

— Soldats, saluez ceux qui meurent, cria Mony et s'adressant à Kulyému : J'ai rempli tes souhaits!... En ce moment les cerisiers sont en fleurs au Japon, des amants s'égarent dans la neige rose des pétales qui feuillolent !

Puis, braquant son revolver il lui brisa la tête et la cervelle de la petite courtisane jaillit au visage de l'officier comme si elle avait voulu cracher sur son bourreau.

CHAPITRE VII

Après l'exécution sommaire de l'espion Egon Muller et de la putain Japonaise Kilyému, le prince Vibescu était devenu très populaire dans Port-Arthur.

Un jour, le général Stœssel le fit appeler et lui remit un pli en disant :

— Prince Vibescu, bien que n'étant pas Russe, vous n'en êtes pas moins un des meilleurs officiers de la place... Nous attendons des secours, mais il faut que le général Kouropatkine se hâte... S'il tarde encore il faudra capituler... Ces chiens de Japonais nous guettent et leur fanatisme aura un jour raison de notre résistance. Il faut que vous traversiez les lignes japonaises et que vous remettiez cette dépêche au généralissime.

On prépara un ballon. Pendant huit jours Mony et Cornabœux s'exercèrent au maniement de l'aérostat qui fut gonflé un beau matin.

Les deux messagers montèrent dans la nacelle, prononcèrent le traditionnel : « lâchez tout ! » et bientôt ayant atteint la région des nuages, la terre ne leur apparut plus que comme une chose petite et le théâtre de la guerre leur apparaissait nettement avec les armées, les escadres sur la mer et une allumette qu'ils frottaient pour allumer leur cigarette laissait une traînée plus lumineuse que les boulets des canons géants dont se servaient les belligérants.

Une bonne brise poussa le ballon dans la direction des armées russes et après quelques jours ils atterrirent et furent reçus par un grand officier qui leur souhaita la bienvenue. C'était Fédor, l'homme aux trois couilles, l'ancien amant d'Hélène Verdier, la sœur de Culculine d'Ancône.

— Lieutenant, lui dit le prince Vibescu en

sautant de la nacelle, vous êtes bien honnête
et la réception que vous nous faites nous
dédommage de bien des fatigues. Laissez-
moi vous demander pardon de vous avoir
fait cocu à Saint-Pétersbourg avec votre
maîtresse Hélène, l'institutrice française de
la fille du général Kokodryoff.

—Vous avez bien fait, riposta Fédor, figu-
rez-vous que j'ai trouvé ici sa sœur Culculine, c'est une superbe fille qui est kellnerine
dans une brasserie à femmes que fréquen-
tent nos officiers. Elle a quitté Paris pour
gagner la forte somme en Extrême-Orient.
Elle gagne beaucoup d'argent ici, car les
officiers font la noce en gens qui n'ont que
peu de temps à vivre et son amie Alexine
Mangetout est avec elle.

— Comment! s'écria Mony, Culculine et
Alexine sont ici!... Menez-moi vite auprès
du général Kouropatkine, il faut avant tout
que j'accomplisse ma mission... Vous me
mènerez ensuite à la brasserie.

Le général Kouropatkine reçut aimable-
ment Mony dans son palais. C'était un
wagon assez bien aménagé.

Le généralissime lut le message, puis dit :

— Nous ferons tout notre possible pour délivrer Port-Arthur. En attendant, prince Vibescu, je vous nomme chevalier de Saint-Georges »...

Une demi-heure après le nouveau décoré se trouvait dans la brasserie du *Cosaque endormi* en compagnie de Fédor et de Cornabœux. Deux femmes se précipitèrent pour les servir. C'étaient Culculine et Alexine toutes charmantes. Elles étaient habillées en soldats russes et portaient un tablier de dentelle devant leurs larges pantalons emprisonnés dans les bottes, leurs culs et leurs poitrines saillaient agréablement et bombaient l'uniforme. Une petite casquette posée de travers sur leur chevelure complétaient ce que cet accoutrement militaire avait d'excitant. Elles avaient l'air de petites figurantes d'opérette.

« Tiens, Mony ! » s'écria Culculine. Le prince embrassa les deux femmes et demanda leur histoire.

— Voilà, dit Culculine, mais tu nous raconteras aussi ce qui t'es arrivé.

— Depuis la nuit fatale où des cambrioleurs nous laissèrent à demi-morts auprès du cadavre d'un des leurs dont j'avais coupé le vit avec mes dents dans un instant de folle jouissance, je ne me réveillai qu'entourée de médecins. On m'avait retrouvée un couteau planté dans les fesses. Alexine fut soignée chez elle et de toi nous n'eûmes plus de nouvelles. Mais nous apprîmes, quand nous pûmes sortir que tu étais reparti en Serbie. L'affaire avait fait un scandale énorme, mon explorateur me lâcha à son retour et le sénateur d'Alexine ne voulut plus l'entretenir.

— Notre étoile commençait à décliner à Paris. La guerre éclata entre la Russie et le Japon. Le barbeau d'une de mes amies organisait un départ de femmes pour servir dans les brasseries-bordels qui suivaient l'armée russe, on nous embaucha, et voilà. »

Mony raconta ensuite ce qui lui était arrivé, en omettant ce qui s'était passé dans l'Express-Orient. Il présenta Cornabœux aux deux femmes mais sans dire qu'il était le cambrioleur qui avait planté son couteau dans les fesses de Culculine.

Tous ces récits amenèrent une grande consommation de boissons ; la salle s'était remplie d'officiers en casquette qui chantaient à tue-tête en caressant les serveuses.

— Sortons, dit Mony.

Culculine et Alexine les suivirent et les cinq militaires sortirent des retranchements et se dirigèrent vers la tente de Fédor.

La nuit était venue étoilée. Mony eut une fantaisie en passant devant le wagon du généralissime, il fit déculotter Alexine, dont les grosses fesses semblaient gênées dans le pantalon et, tandis que les autres continuaient leur marche, il mania le superbe cul. pareil à une face pâle sous la lune pâle, puis sortant sa pine farouche il la frotta un moment dans la raie culière, piquottant parfois le trou du cul. puis il se décida soudain en entendant une sonnerie sèche de trompette, accompagnée de roulements de tambour. La pine descendit entre les fesses fraiches et s'engagea dans une vallée qui aboutissait au con. Les mains du jeune homme, par devant, fouillaient la toison et agaçaient le clitoris. Il alla et vint, fouillant du soc de sa charrue, le sillon d'Alexine qui jouissait en agitant son cul lunaire dont la lune là-haut semblait sourire en l'admirant. Tout à coup commença l'appel monotone des sentinelles; leurs cris se répétaient à travers la nuit. Alexine et Mony jouissaient silencieusement et lorsqu'ils éjaculèrent, presqu'au même instant et en soupirant profondément, un obus déchira l'air et vint tuer quelques soldats qui dormaient dans un fossé. Ils moururent en se lamentant comme des enfants qui appellent leur mère. Mony et Alexine, vite rajustés, coururent à la tente de Fédor.

Là, ils trouvèrent Cornabœux débraguetté, agenouillé devant Culculine qui, déculottée, lui montrait son cul. Il disait :

— Non, il n'y paraît point et jamais on ne dirait que tu as reçu un coup de couteau là-dedans.

Puis s'étant levé il l'encula en criant des phrases russes qu'il avait apprises.

Fédor se plaça alors devant elle et lui introduisit son membre dans le con. On eut dit que Culculine était un joli garçon que l'on enculait tandis qu'il enfilait sa queue dans

une femme. En effet, elle était vêtue en
homme et le membre de Fédor semblait être
à elle. Mais ses fesses étaient trop grosses
pour que cette pensée pût prévaloir longtemps. De même, sa taille mince et le bom-
bement de sa poitrine démentaient qu'elle
fût un giton. Le trio s'agitait en cadence et
Alexine s'en approcha pour chatouiller les
trois couilles de Fédor.

A ce moment un soldat demanda à haute
voix, hors de la tente, le prince Vibescu.

Mony sortit, le militaire venait en esta-
fette de la part du général Mounine qui
mandait Mony sur le champ.

Il suivit le soldat et, à travers le campe-
ment, ils arrivèrent jusqu'à un fourgon dans
lequel monta Mony tandis que le soldat annonçait :

« Le prince Vibescu. »

L'intérieur du fourgon ressemblait à un
boudoir, mais un boudoir oriental. Un luxe
insensé y régnait et le général Mounine, un
colosse de cinquante ans, reçut Mony avec
une grande politesse.

Il lui montra, nonchalamment étendue sur

un sofa une jolie femme d'une vingtaine d'années.

C'était une Circassienne, sa femme :

— Prince Vibescu, dit le général, mon épouse ayant entendu parler aujourd'hui même de votre exploit, a tenu à vous en féliciter. D'autre part elle est enceinte de trois mois et une envie de femme grosse la pousse irrésistiblement à vouloir coucher avec vous. La voici ! Faites votre devoir. Je me satisferai d'une autre manière.

Sans répliquer, Mony se mit nu et commença à déshabiller la belle Haïdyn qui paraissait dans un état d'excitation extraordinaire. Elle mordait Mony pendant qu'il la déshabillait. Elle était admirablement faite et sa grossesse n'apparaissait pas encore. Ses seins moulés par les grâces se dressaient ronds comme des boulets de canon.

Son corps était souple, gras et élancé. Il y avait une si belle disproportion entre la grosseur de son cul et la minceur de sa taille que Mony sentit se dresser son membre comme un sapin de Norvège.

Elle le lui saisit tandis qu'il tâtait les

cuisses qui étaient grosses en haut et s'amin-
cissaient vers le genou.

Quand elle fut nue, il monta sur elle et
l'enfila en hennissant comme un étalon tandis qu'elle fermait les yeux savourant une
béatitude infinie.

Le général Mounine, pendant ce temps,
avait fait entrer un petit garçon chinois,
tout mignon et apeuré.

Ses yeux bridés clignotaient tournés vers
le couple en amour.

Le général le déshabilla et lui suça sa quéquette grosse à peine comme une jujube.

Il le tourna ensuite et fessa son petit cul
maigre et jaune. Il saisit son grand sabre et
le plaça près de lui.

Puis il encula le petit garçon qui devait
connaître cette manière de civiliser la Mandchourie, car il agitait d'une façon expéri-
mentée son petit corps de lope céleste.

Le général disait :

— Jouis bien, mon Haïdyn, je vais jouir
aussi.

Et sa pine sortait presque entière du corps
de l'enfant chinois pour y rentrer preste-

ment. Lorsqu'il en fut à la jouissance, il prit le sabre et, les dents serrées, sans arrêter le culetage, trancha la tête du petit Chinois dont les derniers spasmes lui procurèrent une grande jouissance tandis que le sang jaillissait de son cou comme l'eau d'une fontaine.

Le général décula ensuite et s'essuya la queue avec son mouchoir. Il nettoya ensuite son sabre et ayant ramassé la tête du petit décollé la présenta à Mony et à Haïdyn qui maintenant avaient changé de position.

La Circassienne chevauchait Mony avec rage. Ses tétons dansaient et son cul se haussait frénétiquement. Les mains de Mony palpaient ces grosses fesses merveilleuses.

— Regardez, dit le général, comme le petit Chinois sourit gentiment.

La tête grimaçait affreusement, mais son aspect redoubla la rage érotique des deux baiseurs qui culetèrent avec beaucoup plus d'ardeur.

Le général lâcha la tête, puis saisissant sa femme par les hanches il lui introduisit son membre dans le cul. La jouissance de Mony en fut augmentée. Les deux pines, à peine séparées par une mince paroi, venaient se cogner du museau en augmentant la jouissance de la jeune femme qui mordait Mony et se lovait comme une vipère. La triple décharge eut lieu en même temps. Le trio se sépara et le général aussitôt debout, brandit son sabre en criant :

— Maintenant, prince Vibescu, il faut mourir, vous en avez trop vu !

Mais Mony le désarma sans peine.

Il l'attacha ensuite par les pieds et par les mains et le coucha dans un coin du fourgon, près du cadavre du petit Chinois. Ensuite il continua jusqu'au matin ses foutaisons délectables avec la générale. Quand il la quitta elle était lasse et endormie. Le général dormait aussi pieds et poings liés.

Mony s'en fut dans la tente de Fédor, on y avait pareillement baisé toute la nuit. Alexine, Culculine, Fédor et Cornabœux dormaient nus et couchés pêle-mêle sur des manteaux. Le foutre collait les poils des femmes et les vits des hommes pendaient lamentablement.

Mony les laissa dormir et se mit à errer dans le camp. On annonçait un prochain combat avec les Japonais. Les soldats s'équipaient ou déjeunaient. Des cavaliers pansaient leurs chevaux.

Un Cosaque qui avait froid aux mains était en train de se les réchauffer dans la connasse de sa jument. La bête hennissait doucement; tout à coup, le Cosaque réchauffé, se hissa sur une chaise derrière sa bête et sortant un grand vit long comme un bois de lance le fit pénétrer avec délices dans la vulve animale qui jutait un hippomane fort aphrodisiaque, car la brute humaine déchargea trois fois avec de grands mouvements de cul avant de déconner.

Un officier qui aperçut cet acte de bestialité s'approcha du soldat avec Mony. Il lui reprocha vivement de s'être livré à sa passion:

— Mon ami, lui dit-il, la masturbation est une qualité militaire.

Tout bon soldat doit savoir qu'en temps de guerre l'onanisme est le seul acte amoureux permis. Branlez-vous, mais ne touchez ni aux femmes ni aux bêtes.

D'ailleurs, la masturbation est fort louable, car elle permet aux hommes et aux femmes de s'habituer à leur séparation prochaine et définitive. Les mœurs, l'esprit, les costumes et les goûts des deux sexes diffèrent de plus en plus. Il serait grand temps de s'en apercevoir et il me paraît nécessaire, si l'on veut dominer sur terre, de tenir compte de cette loi naturelle qui bientôt s'imposera. »

L'officier s'éloigna laissant Mony pensif regagner la tente de Fédor.

Tout à coup le prince perçut une rumeur bizarre, on eût dit des pleureuses irlandaises se lamentant sur un mort inconnu. En s'approchant le bruit se modifia, il devint rythmé par des claquements secs comme si un chef d'orchestre fou tapait de son bâton sur son pupitre pendant que l'orchestre jouerait en sourdine.

Le prince courut plus vite et un spectacle étrange se présenta devant ses yeux. Une troupe de soldats commandés par un officier frappaient à tour de rôle avec de longues baguettes flexibles sur le dos de condamnés nus jusqu'à la ceinture.

Mony, dont le grade était supérieur à celui qui commandait les fouetteurs, voulut prendre leur commandement.

On amena un nouveau coupable. C'était un beau gars tatar ne parlant presque pas le Russe. Le prince le fit mettre complètement nu, puis les soldats le fustigèrent de telle façon que le froid du matin le piquait en même temps que les verges qui le cinglaient.

Il était impassible et ce calme irrita Mony; il dit un mot à l'oreille de l'officier qui ramena bientôt une serveuse de brasserie, c'était une plantureuse kellnerine dont la croupe et la poitrine remplissaient indécemment l'uniforme qui la sanglait. Cette belle et grosse fille arriva gênée de son costume et marchant à pas de canard.

— Vous êtes indécente, ma fille, lui dit Mony, quand on est une femme comme vous, on ne s'habille pas en homme; cent coups de verge pour vous l'apprendre.

La malheureuse trembla de tous ses membres, mais, sur un geste de Mony, les soldats la dépouillèrent.

Sa nudité contrastait singulièrement avec celle du Tatar.

Lui était très long, le visage émacié, les yeux petits, malins et calmes; ses membres avaient cette maigreur que l'on prête à Jean-Baptiste après qu'il eut vécu quelques temps de sauterelles. Ses bras, sa poitrine et ses jambes héronnières étaient velus, son penis circoncis prenait de la consistance à cause de la fustigation et le gland en était pourpre, couleur de vomissement d'ivrogne.

La kellnerine, beau specimen d'Allemande du Brunswick, était lourde de croupe; on eut dit une robuste cavale luxembourgeoise lâchée parmi des étalons. Les cheveux blonds filasse la poétisaient assez et les Nixes rhénanes ne doivent pas être autrement.

Des poils blonds très clairs lui pendaient jusqu'au milieu des cuisses. Cette tignasse couvrait complètement une motte rebondie. Cette femme respirait une santé robuste et tous les soldats sentirent leurs membres virils se mettre d'eux-mêmes au port d'armes.

Mony demanda un knout qu'on lui apporta. Il le mit dans la main du Tatar.

— Cochon de prévôt, lui cria-t-il, si tu veux épargner ton cuir ne ménage pas celui de cette putain.

Le Tatar sans répondre examina en connaisseur l'instrument de torture composé de lanières de cuir auxquelles adhérait de la limaille de fer.

La femme pleurait et demandait grâce en allemand. Son corps blanc et rose tremblait. Mony la fit mettre à genoux, puis d'un coup de pied il força son gros cul à se soulever. Le Tatar secoua d'abord le knout en l'air, puis, levant fortement le bras, il allait frapper quand la malheureuse kellnerine qui tremblait de tous ses membres lâcha un pet sonore qui fit rire tous les assistants et le Tatar lui-même dont le knout tomba. Mony une verge à la main lui cingla le visage en lui disant :

— Idiot, je t'ai dit de frapper et non pas de rire.

Puis, il lui remit la verge en lui commandant d'en fustiger d'abord l'Allemande pour l'habituer. Le Tatar se mit à frapper avec régularité. Son membre placé derrière le gros cul de la patiente s'était quillé, mais, malgré sa concupiscence, son bras retombait rythmiquement, la verge était très flexible, le coup sifflait en l'air puis retombait sèchement sur la peau tendue qui se rayait.

Le Tatar étaii un artiste et les coups qu'il frappait se réunissaient pour fournir un dessin calligraphique.

Sur le bas du dos, au-dessus des fesses, le mot *putain* apparut bientôt distinctement.

On applaudit vigoureusement tandis que les cris de l'Allemande devenaient toujours plus rauques. Son cul, à chaque coup de verge, s'agitait un moment puis se soulevait, les fesses serrées, qui aussitôt se desserraient; on apercevait alors le trou du cul et le con en dessous bâillant et humide.

Petit à petit, elle sembla se faire aux coups. A chaque claquement de la verge, le dos se soulevait mollement, le cul s'entrouvait et le con bayait d'aise comme si une jouissance imprévue venait la visiter.

Elle tomba bientôt comme suffoquée par la jouissance et Mony à ce moment arrêta la main du Tatar.

Il lui remit le knout et l'homme, très excité, fou de désirs, se mit à frapper avec cette arme cruelle sur le dos de l'Allemande. Chaque coup laissait plusieurs marques saignantes et profondes, car au lieu de soulever le knout après l'avoir abattu, le Tatar le tirait à lui de telle façon que la limaille qui adhérait aux lanières emportait des lambeaux de peau et de chair qui tombaient ensuite de tous côtés, tâchant de gouttelettes sanglantes les uniformes de la soldatesque.

L'Allemande ne sentait plus la douleur, elle se lovait, se tordait et sifflait de jouissance. Sa face était rouge, elle bavait et lorsque Mony commanda au Tatar de cesser, les traces du mot : Putain, avaient disparu car le dos n'était plus qu'une plaie.

Le Tatar restait droit, le knout sanglant à la main, il semblait demander une approbation, mais Mony le regarda d'un air méprisant : « Tu avais bien commencé, mais tu as mal fini. Cet ouvrage est détestable. Tu as frappé comme un ignorant. Soldats, remportez cette femme et apportez-moi une de ses compagnes dans la tente que voici : elle est vide. Je vais m'y tenir avec ce misérable Tatar. »

Il renvoya les soldats dont quelques-uns remportèrent l'Allemande et le prince s'en fut avec son condamné dans la tente.

Il se mit à le frapper à tour de bras avec deux verges. Le Tatar, excité par le spectacle qu'il venait d'avoir sous les yeux et dont il était le protagoniste, ne retint pas longtemps le sperme qui bouillonnait dans ses couillons. Son membre se redressa sous les coups de Mony, et le foutre qui jaillit alla s'écraser contre la toile de la tente.

A ce moment, on amena une autre femme. Elle était en chemise car on l'avait surprise au lit. Son visage exprimait la stupéfaction et une terreur profonde. Elle était muette et son gosier laissait échapper des sons rauques inarticulés.

C'était une belle fille, originaire de la Suède. Fille du directeur de la brasserie, elle avait épousé un Danois, associé de son père. Elle avait accouché quatre mois auparavant et nourrissait elle-même son enfant. Elle pouvait avoir vingt-quatre ans. Ses seins gonflés de lait, — car elle était bonne nourrice — bombaient la chemise.

Aussitôt que Mony la vit, il renvoya les soldats qui l'avaient amené et lui releva la chemise. Les grosses cuisses de la Suédoise semblaient des fûts de colonne et supportaient un superbe édifice, son poil était doré et frisottait gentiment. Mony ordonna au Tatar de la fustiger pendant qu'il la gamahucherait. Les coups pleuvaient sur les bras de la belle muette, mais la bouche du prince recueillait en bas la liqueur amoureuse que distillait ce con boréal.

Ensuite il se plaça nu sur le lit après avoir ôté la chemise de la femme qui était en chaleur. Elle se plaça sur lui et le vit entra profondément entre les cuisses d'une blancheur aveuglante. Son cul massif et ferme se soulevait en cadence. Le prince prit un sein en bouche et se mit à téter un lait délicieux.

Le Tatar ne restait point inactif, mais faisant siffler la verge, il appliquait des coups

cinglants sur la mappemonde de la muette
dont il activait la jouissance. Il tapait comme
un possédé, rayant ce cul sublime, marquant
sans respect les belles épaules blanches et
grasses, laissant des sillons sur le dos. Mony
qui avait déjà beaucoup travaillé fut long à
jouir et la muette, excitée par la verge, jouit
une quinzaine de fois pendant qu'il courait
une poste.

Alors il se releva et voyant le Tatar en bel
état d'érection, il lui ordonna d'enfiler en levrette la belle nourrice qui paraissait inas-
souvie et lui-même prenant le knout, ensan-
glanta le dos du soldat qui jouissait en poussant des cris terribles.

Le Tatar ne quittait point son poste. Sup-
portant stoïquement les coups portés par le
terrible knout, il fouillait sans relâche le
réduit amoureux où il s'était niché. Il y dé-
posa cinq fois son offrande brûlante. Puis il
resta immobile sur la femme encore agitée
de frissons voluptueux.

Mais le prince l'insulta, il avait allumé une
cigarette et brûla en divers endroits les
épaules du Tatar. Ensuite il lui mit une

allumette enflammée sous les couilles et la brûlure eut le don de ranimer le membre infatigable. Le Tatar repartit vers une nouvelle décharge. Mony reprit le knout et frappa de toutes ses forces sur les corps unis du Tatar et de la muette ; le sang jaillissait, les coups tombaient, faisant flac. Mony jurait en français, en roumain et en russe. Le Tatar jouissait terriblement, mais un regard de haine pour Mony passa dans ses yeux. Il connaissait le langage des muets et passant sa main devant le visage de sa compagne, il lui fit des signes que celle-ci comprit à merveille.

Vers la fin de cette jouissance, Mony eut une nouvelle fantaisie ; il présenta sa cigagarette brasillante sur le bout du sein humide de la muette. Le lait dont une gouttelette perlait sur le têtin allongé, éteignit la cigarette, mais la femme poussa un rugissement de terreur en déchargeant.

Elle fit un signe au Tatar qui déconna aussitôt. Tous deux se précipitèrent sur Mony qu'ils désarmèrent. La femme prit une verge et le Tatar prit le knout. Le regard plein de haine, animés par l'espoir de la vengeance, ils se mirent à fouetter cruellement l'officier qui les avait fait souffrir. Mony eut beau crier et se débattre, les coups n'épargnèrent aucune partie de son corps. Cependant, le Tatar craignant que sa vengeance sur un officier n'eut des suites funestes, jeta bientôt son knout, se contentant, comme la femme, d'une simple verge. Mony bondissait sous la fustigation et la femme s'acharnait à frapper surtout sur le ventre, les couilles et le vit du prince.

Pendant ce temps, le Danois, mari de la muette, s'était aperçu de sa disparition, car la petite fille réclamait le sein de sa mère. Il prit le nourrisson dans ses bras et fut à la recherche de sa femme.

Un soldat lui indiqua la tente où elle était, mais sans lui dire ce qu'elle y faisait. Fou de jalousie, le Danois se précipita, souleva la toile et pénétra dans la tente. Le spectacle était peu banal, sa femme ensanglantée et nue en compagnie d'un Tatar ensanglanté et nu fouettait un jeune homme.

Le knout était par terre, le Danois posa

son enfant sur le sol, prit le knout et en frappa de toutes ses forces sa femme et le Tatar qui tombèrent sur le sol en criant de douleur.

Sous les coups, le membre de Mony s'était redressé, il bandait, contemplant cette scène conjugale.

La petite fille criait sur le sol. Mony s'en saisit et la démaillotant, embrassa son petit cul rose et sa petite fente grasse et glabre, puis l'appliquant sur son vit et lui fermant la bouche d'une main, il la viola ; son membre déchira les chairs enfantines. Mony ne fut pas long à jouir. Il déchargeait lorsque le père et la mère, s'apercevant trop tard de ce crime, se précipitèrent sur lui.

La mère enleva l'enfant. Le Tatar s'habilla en hâte et s'esquiva ; mais le Danois les yeux injectés de sang souleva le knout. Il allait en frapper un coup mortel sur la tête de Mony, quand il aperçut sur le sol l'uniforme d'officier. Son bras retomba, car il savait que l'officier russe est sacré, il peut violer, piller, mais le mercanti qui oserait porter la main sur lui serait pendu de suite.

Mony comprit tout ce qui se passait dans le cerveau du Danois. Il en profita, se releva et prit vite son revolver. D'un air méprisant il ordonna au Danois de se déculotter. Puis, le revolver braqué il lui ordonna d'enculer sa fille. Le Danois eut beau supplier, il dut faire entrer son membre mesquin dans le tendre cul du nourrisson évanoui.

Et pendant ce temps Mony, armé d'une verge et tenant son revolver de la main gauche, faisait pleuvoir les coups sur le dos de la muette qui sanglottait et se tordait de douleur. La verge revenait sur une chair enflée par les coups précédents et la douleur qu'endurait la pauvre femme était un spectacle horrible. Mony le supporta avec un courage admirable et son bras resta ferme dans sa fustigation jusqu'au moment où le malheureux père eut déchargé dans le cul de la petite fille.

Mony s'habilla alors et ordonna à la Danoise d'en faire autant. Puis il aida gentiment le couple à ranimer l'enfant.

— Mère sans entrailles, dit-il à la muette, votre enfant veut téter, ne le voyez-vous pas?

Le Danois fit des signes à sa femme qui chastement sortit son sein et donna à têter au nourrisson.

— Quant à vous, dit Mony au Danois, prenez garde, vous avez violé votre fille devant moi. Je puis vous perdre. Donc, soyez discret, ma parole prévaudra toujours contre la vôtre. Allez en paix. Votre commerce dorénavant dépend de mon bon vouloir. Si vous êtes discret je vous protégerai, mais si vous racontez ce qui s'est passé ici, vous serez pendu.

Le Danois embrassa la main du fringant officier en versant des larmes de reconnaissance et emmena rapidement sa femme et son enfant. Mony se dirigea vers la tente de Fédor.

Les dormeurs, s'étaient réveillés et après leur toilette s'étaient habillés.

Pendant tout le jour, on se prépara à la bataille qui commença vers le soir. Mony, Cornabœux et les deux femmes s'étaient enfermés dans la tente de Fédor qui était allé combattre aux avant-postes. Bientôt, on entendit les premiers coups de canon et des brancardiers revinrent portant des blessés.

La tente fut changée en ambulance. Cornabœux et les deux femmes furent réquisitionnés pour ramasser les mourants. Mony resta seul avec trois blessés russes qui déliraient.

Alors, arriva une dame de la Croix rouge vêtue d'un gracieux surtout écru et le brassard au bras droit.

C'était une fort jolie fille de la noblesse polonaise. Elle avait une voix suave comme en ont les anges et en l'entendant les blessés tournaient vers elle leurs yeux moribonds croyant apercevoir la madone.

Elle donnait à Mony des ordres secs de sa voix suave. Il obéissait comme un enfant, étonné de l'énergie de cette jolie fille et de la lueur étrange qui jaillissait parfois de ses yeux verts.

De temps en temps, sa face séraphique devenait dure et un nuage de vices impardonnables semblait obscurcir son front. Il paraissait que l'innocence de cette femme avait des intermittences criminelles.

Mony l'observa, il s'aperçut bientôt que

ses doigts s'attardaient plus qu'il n'était besoin dans les plaies.

On apporta un blessé horrible à voir. Sa
face était sanglante et sa poitrine ouverte.

L'ambulancière le pansa avec volupté.
Elle avait mis sa main droite dans le trou
béant et semblait jouir du contact de la
chair pantelante.

Tout à coup, la goule leva les yeux et
aperçut devant elle, de l'autre côté du brancard, Mony qui la regardait en souriant dé-
daigneusement.

Elle rougit, mais il la rassura :

— Calmez-vous, ne craignez rien, je com-
prends mieux que quiconque la volupté que
vous pouvez éprouver. Moi-même j'ai les
mains impures. Jouissez de ces blessés, mais
ne vous refusez pas à mes embrassements.

Elle baissa les yeux en silence, Mony fut
bientôt derrière elle. Il releva ses jupes et
découvrit un cul merveilleux dont les fesses
étaient tellement serrées qu'elles semblaient
avoir juré de ne jamais se séparer.

Elle déchirait maintenant fiévreusement et
avec un sourire angélique sur les lèvres, la

blessure affreuse du moribond. Elle se pencha pour permettre à Mony de mieux jouir du spectacle de son cul.

Il lui introduisit alors son dard entre les lèvres satinées du con, en levrette, et de sa main droite il lui caressait les fesses tandis que la gauche allait chercher le clitoris sous les jupons. L'ambulancière jouit silencieusement, crispant ses mains dans la blessure du moribond qui râlait affreusement. Il expira au moment où Mony déchargeait. L'ambulancière le débusqua aussitôt et déculottant le mort dont le membre était d'une raideur de fer, elle se l'enfonça dans le con, jouissant toujours silencieusement et la face plus angélique que jamais.

Mony fessa d'abord ce gros cul qui se dandinait et dont les lèvres du con vomissaient et ravalaient rapidement la colonne cadavérique. Son vit reprit bientôt sa première raideur et se mettant derrière l'ambulancière qui jouissait, il l'encula comme un possédé.

Ensuite, ils se rajustèrent et l'on apporta un beau jeune homme dont les jambes et les

bras avaient été emportés par la mitraille.
Ce tronc humain possédait encore un beau
membre dont la fermeté était idéale. L'ambulancière, aussitôt qu'elle fut seule avec
Mony, s'assit sur la pine du tronc qui râlait
et pendant cette chevauchée échevelée, suça
la pine de Mony qui déchargea bientôt
comme un carme. L'homme-tronc n'était
pas mort, il saignait abondamment par les
moignons des quatre membres. La goule
lui téta le vit et le fit mourir sous l'horrible
caresse. Le sperme qui résulta de ce taillage
de plume, elle l'avoua à Mony, était presque
froid et elle paraissait tellement excitée que
Mony qui se sentait épuisé, la pria de se
dégrafer. Il lui suça les tétons, puis elle se
mit à genoux et essaya de ranimer la pine
princière en la masturbant entre ses nichons.

— Hélas ! s'écriait Mony, femme cruelle
à qui Dieu a donné pour mission d'achever
les blessés, qui es-tu ? qui es-tu ?

— Je suis, dit-elle, la fille de Jean Mor-
neski, le prince révolutionnaire que l'infâme
Gourko envoya mourir à Tobolsk.

Pour me venger et pour venger la Polo-

gne, ma mère, j'achève les soldats russes.
Je voudrais tuer Kouropatkine et je souhaite
la mort des Romanoff.

Mon frère qui est aussi mon amant et qui
m'a dépucelée pendant un pogrome à Var-
sovie, de peur que ma virginité ne devint la
proie d'un Cosaque, éprouve les mêmes sentiments que moi. Il a égaré le régiment qu'il
commandait et a été le noyer dans le lac
Baïkal. Il m'avait annoncé son intention
avant son départ.

C'est ainsi que nous, Polonais, nous nous
vengeons de la tyrannie moscovite.

Ces fureurs patriotiques ont agi sur mes
sens et mes passions les plus nobles ont
cédé à celle de la cruauté. Je suis cruelle,
vois-tu, comme Tamerlan, Attila et Ivan, le
terrible. J'étais pieuse autrefois comme une
sainte. Aujourd'hui Messaline et Catherine
ne seraient que de douces brebis au prix
de moi.

Ce ne fut pas sans un frisson que Mony
entendit les déclarations de cette exquise
putain. Il voulut à tout prix lui lécher le cul
en l'honneur de la Pologne et lui apprit

comment il avait indirectement trempé dans la conspiration qui coûta l'existence à Alexandre Obrenovitch, à Belgrade.

Elle l'écouta avec admiration.

— Puissé-je voir un jour, s'écria-t-elle, le tsar défénestré !

Mony qui était un officier loyal protesta contre cette défénestration et avoua son attachement à l'autocratie légitime : « Je vous admire, dit-il à la Polonaise, mais si j'étais le tsar je détruirais en bloc tous ces Polonais. Ces ineptes soulauds ne cessent de fabriquer des bombes et rendent la planète inhabitable. A Paris, même ces sadiques personnages qui ressortissent autant à la cour d'assises qu'à la Salpêtrière troublent l'existence des paisibles habitants.

— Il est vrai, dit la Polonaise, que mes compatriotes soient des gens peu folâtres, mais qu'on leur rende leur patrie, qu'on les laisse parler leur langue, et la Pologne redeviendra le pays de l'honneur chevaleresque, du luxe et des jolies femmes.

— Tu as raison ! — s'écria Mony, et poussant l'ambulancière sur un brancard, il l'ex-

ploita à la paresseuse et tout en foutant ils
devisaient de choses galantes et lointaines.
On eût dit d'un décaméron et que les pes-
tiférés les entourassent.

— Femme charmante, disait Mony, échan-
geons notre foi avec nos âmes.

— Oui, disait-elle, nous nous épouserons
après la guerre et nous remplirons le monde
du bruit de nos cruautés.

— Je le veux, dit Mony, mais que ce soit
des cruautés légales.

— Peut-être as-tu raison, dit l'ambulancière, il n'est rien de si doux que d'accomplir
ce qui est permis.

Là-dessus, ils entrèrent en transe, se pres-
sèrent, se mordirent et jouirent profondément.

A ce moment, des cris s'élevèrent, l'armée
russe en déroute se laissait culbuter par les
troupes japonaises.

On entendait les cris horribles des blessés,
le fracas de l'artillerie, le roulement sinistre
des caissons et les pétarades des fusils.

La tente fut ouverte brusquement et une
troupe de Japonais l'envahit, Mony et l'am-

bulancière avaient eu le temps de se rajuster.

Un officier japonais s'avança vers le prince Vibescu.

— Vous êtes mon prisonnier ! lui dit-il, mais d'un coup de revolver Mony l'étendit raide mort, puis devant les Japonais stupéfaits il brisa son épée sur ses genoux.

Un autre officier japonais s'avança alors, les soldats entourèrent Mony qui accepta sa captivité et lorsqu'il sortit de la tente en compagnie du petit officier nippon, il aperçut au loin, par la plaine, les fuyards retardataires qui essayaient péniblement de rejoindre l'armée russe en déroute.

CHAPITRE VIII

Prisonnier sur parole, Mony fut libre d'aller et de venir dans le camp Japonais. Il chercha en vain Cornabœux. Dans ses allées et venues, il remarqua qu'il était surveillé par l'officier qui l'avait fait prisonsonnier. Il voulut en faire son ami et parvint à se lier avec lui. C'était un Sintôiste assez jouisseur qui lui raconta des choses admirables sur la femme qu'il avait laissée au Japon.

— Elle est rieuse et charmante, disait-il, et je l'adore comme j'adore la Trinité Amêno-Mina-Kanoussi-Nô-Kami. Elle est féconde comme Isaagui et Isanami, créateurs de la terre et générateurs des hommes, et belle comme Amatérassou, fille de ces dieux et le soleil lui-même. En m'attendant, elle pense à moi et fait vibrer les treize cordes de son kô-tô en bois de polonia impérial ou joue du siô à dix-sept tuyaux.

— Et vous, demanda Mony, n'avez-vous jamais eu envie de baiser depuis que vous êtes en guerre ?

— Moi, dit l'officier, quand l'envie me presse trop, je me branle en contemplant des images obscènes ! et il exhiba devant Mony des petits livres pleins de gravures sur bois d'une obscénité étonnante. L'un des livres montraient des femmes en amour avec toutes sortes de bêtes, des chats, des oiseaux, des tigres, des chiens, des poissons et jusqu'à des poulpes qui, hideux, enlaçaient de leurs tentacules à ventouses les corps des mousmés hystériques.

« Tous nos officiers et tous nos soldats, dit l'officier, ont des livres de ce genre. Ils peuvent se passer de femmes et se branlent en contemplant ces dessins priapiques.

Mony allait souvent visiter les blessés russes. Il retrouvait là l'ambulancière polo-

naise qui lui avait donné dans la tente de
Fédor des leçons de cruauté.

Parmi les blessés se trouvait un capitaine
originaire d'Archangel. Sa blessure n'était
pas d'une gravité extrême et Mony causait
souvent avec lui, assis au chevet de son lit.

Un jour, le blessé qui se nommait Katache,
tendit à Mony une lettre en le priant de la
lire. Il était dit dans la lettre que la femme
de Katache le trompait avec un marchand
de fourrures.

— Je l'adore, dit le capitaine, j'aime cette
femme plus que moi-même et je souffre terriblement de la savoir à un autre, mais je
suis heureux, affreusement heureux.

— Comment conciliez-vous ces deux sentiments ? demanda Mony, ils sont contradic-
toires.

— Ils se confondent chez moi, dit Katache, et je ne conçois point la volupté sans la
douleur.

— Vous êtes donc masochiste ? questionna
Mony vivement intéressé.

— Si vous voulez ! acquiesça l'officier, le
masochisme est d'ailleurs conforme aux pré-

ceptes de la religion chrétienne. Tenez, puisque vous vous intéressez à moi, je vais vous raconter mon histoire.

— Je le veux bien, dit Mony avec empressement, mais buvez auparavant cette citronnade pour vous rafraîchir le gosier.

Le capitaine Katache commença ainsi :

— Je suis né en 1874, à Archangel, et dès mon jeune âge, je ressentais une joie amère chaque fois que l'on me corrigeait. Tous les malheurs qui fondirent sur notre famille développèrent cette faculté de jouir de l'infortune et l'aiguisèrent.

Cela venait de trop de tendresse assurément. On assassina mon père, et je me souviens qu'ayant alors quinze ans, j'éprouvai à cause de ce trépas ma première jouissance. Le saisissement et l'effroi me firent éjaculer. Ma mère devint folle, et lorsque j'allais la visiter à l'asile, je me branlais en l'écoutant extravaguer d'une façon immonde, car elle se croyait changée en tinette, monsieur, et décrivait des culs imaginaires qui chiaient dans elle. Il fallut l'enfermer le jour qu'elle se figura que la fosse était pleine. Elle de-

vint dangereuse et demandait à grands cris
les vidangeurs pour la vider. Je l'écoutais
péniblement. Elle me reconnaissait.

— Mon fils, disait-elle, tu n'aimes plus ta
mère, tu fréquentes d'autres cabinets. As-
sieds-toi sur moi et chie à ton aise.

Où peut-on mieux chier qu'en le sein de sa mère.

Et puis, mon fils, ne l'oublie pas, la fosse
est pleine. Hier, un marchand de bière qui
est venu chier dans moi avait la colique. Je
déborde, je n'en puis plus. Il faut absolument faire venir les vidangeurs.

Le croirez-vous, monsieur, j'étais profondément dégoûté et peiné aussi, car j'adorais
ma mère, mais je sentais en même temps un
plaisir indicible à entendre ces paroles immondes. Oui, monsieur, je jouissais et me
branlais.

On me poussa dans l'armée et je pus,
grâce à mes influences, rester dans le nord.
Je fréquentais la famille d'un pasteur pro-
testant, établi à Archangel, il était Anglais
et avait une fille si merveilleuse que mes
descriptions ne vous la montreraient pas à

moitié aussi belle qu'elle l'était en réalité. Un jour que nous dansions pendant une sauterie de famille, après la valse, Florence plaça, comme par hasard. sa main entre mes cuisses en me demandant :

— Bandez-vous ?

Elle s'aperçut que j'étais dans un état d'érection terrible ; mais elle sourit en me disant :

— Et moi aussi je suis toute mouillée, mais ce n'est pas en votre honneur. — J'ai joui pour Dyre.

Et elle alla câlinement vers Dyre Kissird qui était un commis-voyageur Norvégien. Ils plaisantèrent un instant, puis la musique ayant attaqué une danse, ils partirent enlacés et se regardant amoureusement. Je souffrais le martyre. La jalousie me mordait le cœur. Et si Florence était désirable je la désirai bien plus du jour où je sus qu'elle ne m'aimait pas. Je déchargeai en la voyant danser avec mon rival. Je me les figurais au bras l'un de l'autre et je dus me détourner pour qu'on ne vît point mes larmes.

Alors, poussé par le démon de la concu-

piscence et de la jalousie, je me jurai qu'elle
devait être ma femme. Elle est étrange,
cette Florence, elle parle en quatre langues :
français, allemand, russe et anglais, mais
elle n'en connaît, en réalité aucune et le
jargon qu'elle emploie a une saveur de sau-
vagerie. Je parle moi-même très bien le
français et je connais à fond la littérature
française, surtout les poètes de la fin du
xixe siècle. Je faisais pour Florence des vers
que j'appelais symbolistes et qui reflétaient
simplement ma tristesse.

L'anémone a fleuri dans le nom d'Archangel
Quand les anges pleuraient d'avoir des engelures,
Et le nom de Florence a soupiré conclure
Les serments en vertige aux degrés de l'échelle.

Des voix blanches chantant dans le nom d'Ar-
                                  [changel
Ont modulé souvent des nénies de Florence,
Dont les fleurs, en retour, plaquaient de lourdes
                                  [transes
Les plafonds et les murs qui suintent au dégel.

O Florence ! Archangel !

L'une : baie de laurier, mais l'autre : herbe angé-
[lique.
Des femmes, tour à tour, se penchent aux mar-
[gelles
Et comblent le puits noir de fleurs et de reliques ;
De reliques d'archange et de fleurs d'Archangel !

La vie de garnison dans le nord de la
Russie est, en temps de paix, pleine de loi-
sirs. La chasse et les devoirs mondains s'y
partagent la vie du militaire. La chasse
n'avait que peu d'attraits pour moi et mes
occupations mondaines étaient résumées par
ces quelques mots : Obtenir Florence que
j'aime et qui ne m'aime pas. Ce fut un dur
labeur. Je souffrais mille fois la mort car
Florence me détestait de plus en plus, se
moquait de moi et fleuretait avec des chasseurs d'ours blancs, des marchands Scandi-
naves et, même un jour, qu'une misérable
troupe française d'opérette était venue donner des représentations dans nos brumes
lointaines, je surpris Florence, pendant une
aurore boréale, patinant main dans la main
avec le ténor, un bouc répugnant, né à
Carcassonne.

Mais j'étais riche, monsieur, et mes dé-
marches n'étaient pas indifférentes au père
de Florence que j'épousai finalement.

Nous partîmes pour la France et en route
elle ne me permit jamais même de l'embrasser. Nous arrivâmes à Nice en février pendant le carnaval.

Nous louâmes une villa et un jour de bataille de fleurs. Florence m'avisa qu'elle
avait décidé de perdre sa virginité le soir
même. Je crus que mon amour allait être
récompensé. Hélas ! mon calvaire voluptueux
commençait.

Florence ajouta que ce n'était pas moi
qu'elle avait élu pour remplir cette fonction.

Vous êtes trop ridicule, dit-elle, et vous
ne sauriez pas. Je veux un Français, les
Français sont galants et s'y connaissent en
amour. Je choisirai moi-même mon élargis-
seur pendant la fête.

Habitué à l'obéissance, je courbai la tête.
Nous allâmes à la bataille des fleurs. Un
jeune homme à l'accent nissard ou moné-
gasque regarda Florence. Elle tourna la

tête en souriant. Je souffrais plus qu'on ne souffre dans aucun des cercles de l'enfer dantesque.

Pendant la bataille de fleurs nous le revîmes. Il était seul dans une voiture ornée d'une profusion de fleurs rares. Nous étions dans une victoria où l'on devenait fou, car Florence avait voulu qu'elle fût entièrement décorées de tubéreuses.

Lorsque la voiture du jeune homme croisait la nôtre, il jetait des fleurs à Florence qui le regardait amoureusement en lançant des bouquets de tubéreuses.

A un tour, énervée, elle lança très fort son bouquet, dont les fleurs et les tiges, molles et visqueuses, laissèrent une tache sur le vêtement de flanelle du bellâtre. Aussitôt Florence s'excusa et, descendant sans façon, monta dans la voiture du jeune homme.

C'était un riche Niçois enrichi par le commerce de l'huile d'olives que lui avait laissé son père.

Prospéro, c'était le nom du jeune homme, reçut ma femme sans façon et à la fin de la bataille sa voiture eut le premier prix et la mienne le second. La musique jouait. Je vis ma femme tenir la bannière gagnée par mon rival qu'elle embrassait à pleine bouche.

Le soir, elle voulut absolument dîner avec moi et Prospéro qu'elle amena dans notre villa. La nuit était exquise et je souffrais.

Dans la chambre à coucher, ma femme nous fit entrer tous les deux, moi triste jusqu'à la mort et Prospéro très étonné et un peu gêné de sa bonne fortune.

Elle m'indiqua un fauteuil en me disant :

— Vous allez assister à une leçon de volupté, tâchez d'en profiter.

Puis elle dit à Prospéro de la déshabiller ; il le fit avec une certaine grâce.

Florence était charmante. Sa chair ferme et plus grasse qu'on n'aurait supposé, palpitait sous la main du Nissard. Il se déshabilla aussi et son membre bandait. Je m'aperçus avec plaisir qu'il n'était pas plus gros que le mien. Il était même plus petit et pointu. C'était en somme un vrai vit à pucelage. Tous deux étaient charmants ; elle, bien coiffée, les yeux pétillants de désirs, rose dans sa chemise de dentelle.

Prospéro lui suça les seins qui pointaient pareils à des colombes roucoulantes et passant sa main sous la chemise, il la branla un petit peu, tandis qu'elle s'amusait baisser le vit qu'elle lâchait et qui revenait claquer sur le ventre du jeune homme. Je pleurais dans mon fauteuil. Tout à coup, Prospéro prit ma femme dans ses bras et lui souleva la chemise par derrière, son joli cul rebondi apparut, troué de fossettes. Prospéro la fessa tandis qu'elle riait, les roses se mêlèrent au lys sur ce derrière. Elle devint bientôt sérieuse, disant :

— Prends-moi.

Il l'emporta sur le lit et j'entendis le cri de douleur que poussa ma femme quand l'hymen déchiré eut livré passage au membre de son vainqueur.

Ils ne prenaient plus garde à moi qui sanglotait, jouissant pourtant de ma douleur, car n'y tenant plus, je sortis bientôt mon membre et me branlai en leur honneur.

Ils baisèrent ainsi une dizaine de fois. Puis ma femme comme si elle s'apercevait de ma présence me dit :

— Viens voir, mon cher mari, le beau travail qu'a fait Prospéro.

Je me rapprochai du lit le vit en l'air et
ma femme voyant mon membre plus gros
que celui de Prospéro en conçut pour lui un
grand mépris. Elle me branla en disant :

— Prospéro, votre vit ne vaut rien, car
celui de mon mari qui est un idiot est plus
gros que le vôtre. Vous m'avez trompé. Mon
mari va me venger, André — c'est moi, —
fouette cet homme jusqu'au sang.

Je me jetai sur lui et saisissant un fouet
de chien qui était sur la table de nuit, je le
cravachai avec toute la force que me donnait ma jalousie. Je le fouettai longtemps.
J'étais plus fort que lui et à la fin ma femme
en eut pitié. Elle le fit s'habiller et le renvoya avec un adieu définitif.

Quand il fut parti, je crus que c'en était
fini de mes malheurs. Hélas ! elle me dit :

— André, donnez votre vit.

Elle me branla, mais ne me permit pas de
la toucher. Ensuite elle appela son chien, un
beau Danois, qu'elle branla un instant.
Quand son vit pointu fut en érection, elle

fit monter le chien sur elle, en m'ordonnant d'aider la bête dont la langue pendait et qui haletait de volupté.

Je souffrais tant que je m'évanouis en éjaculant. Quand je revins à moi, Florence m'appelait à grands cris. Le penis du chien une fois entré ne voulait plus sortir. Tous deux, la femme et la bête, depuis une demi-heure faisaient des efforts infructueux pour se détacher. Une nodosité retenait le vit du danois dans le vagin resserré de ma femme. J'employai de l'eau fraîche qui, bientôt, leur rendit la liberté. Ma femme n'eut plus envie de faire l'amour avec des chiens depuis ce jour-là. Pour me récompenser elle me branla et puis m'envoya me coucher dans ma chambre.

Le lendemain soir, je suppliai ma femme de me laisser remplir mes droits d'époux.

Je t'adore, disais-je, personne ne t'aimera comme moi, je suis ton esclave. Fais de moi ce que tu veux.

Elle était nue et délicieuse. Ses cheveux étaient éparpillés sur le lit, les fraises de ses seins m'attiraient et je pleurais. Elle me

sortit le vit et lentement à petits coups me
branla. Puis elle sonna et une jeune femme
de chambre qu'elle avait prise à Nice, vint
en chemise, car elle s'était couchée. Ma
femme me fait reprendre place dans le fauteuil et j'assistai aux ébats des deux tribades
qui, fiévreusement, jouirent en sifflant, en
bavant. Elles se firent minette, se branlèrent
sur la cuisse l'une de l'autre et je voyais le
cul de la jeune Ninette gros et ferme se soulever au-dessus de ma femme dont les yeux
étaient noyés de volupté.

Je voulus m'approcher d'elles, mais Florence et Ninette se moquèrent de moi et me
branlèrent, puis se replongèrent dans leurs
voluptés contre nature.

Le lendemain, ma femme n'appela pas
Ninette, mais ce fut un officier de chasseurs
alpins qui vint me faire souffrir. Son membre était énorme et noirâtre. Il était grossier,
m'insultait et me frappait.

Quand il eut baisé ma femme, il m'ordonna de venir près du lit et prenant la cravache à chien il m'en cingla le visage. Je
poussai un cri de douleur. Hélas! un éclat

de rire de ma femme, me redonna cette volupté âcre que j'avais déjà éprouvée.

Je me laissai déshabiller par le cruel soldat qui avait besoin de fouetter pour s'exciter.

Quand je fus nu, l'Alpin m'insulta, il m'appela : *Cocu, cornard, bête à cornes* et, levant la cravache, il l'abattit sur mon derrière ; les premiers coups furent cruels. Mais je vis que ma femme prenait goût à ma souffrance, son plaisir devint le mien. Moi-même je pris plaisir à souffrir.

Chaque coup me tombait comme une volupté un peu violente sur les fesses. La première cuisson était aussitôt changée en chatouillement exquis et je bandais. Les coups m'eurent bientôt arraché la peau, et le sang qui sortait de mes fesses me réchauffait étrangement. Il augmenta beaucoup ma jouissance.

Le doigt de ma femme s'agitait dans la mousse qui ornait son joli con. De l'autre main elle branlottait mon bourreau. Les coups, tout à coup redoublèrent et je sentis que le moment du spasme approchait pour moi. Mon cerveau s'enthousiasma ; les martyrs dont s'honorent l'Eglise doivent avoir de ces moments.

Je me levai, sanglant et bandant, et me précipitai sur ma femme.

Ni elle ni son amant ne purent m'en empêcher. Je tombai dans les bras de mon épouse et mon membre n'eut pas plutôt touché les poils adorés de son con que je déchargeai en poussant des cris horribles.

Mais aussitôt l'Alpin m'arracha de mon poste, ma femme rouge de rage, dit qu'il fallait me punir.

Elle prit des épingles et me les enfonça dans le corps, une à une, avec volupté. Je poussais des cris de douleur effroyables. Tout homme aurait eu pitié de moi. Mais mon indigne femme se coucha sur le lit rouge et les jambes écartées, elle tira son amant par son énorme vit d'âne, puis écartant les poils et les lèvres de son con, elle s'enfonça le membre jusqu'aux couilles tandis que son amant lui mordait les seins et que je me roulais comme un fou sur le sol, enfonçant toujours davantage ces épingles douloureuses.

Je me réveillai dans les bras de la jolie Ninette qui, accroupie sur moi, m'arrachait les épingles. J'entendais ma femme, dans la pièce à côté, jurer et crier en jouissant dans les bras de l'officier. La douleur des épingles que m'arrachait Ninette et celle que me causait la jouissance de ma femme me firent bander atrocement.

Ninette, je l'ai dit, était accroupie sur moi, je la saisis par la barbe du con et je sentis la fente humide sous mon doigt.

Mais, hélas ! à ce moment la porte s'ouvrit et un horrible *botcha*, c'est-à-dire un aide-maçon piémontais entra.

C'était l'amant de Ninette et il se mit dans une grande fureur. Il releva les jupes de sa maîtresse et se mit à la fesser devant moi. Puis il détacha sa ceinture de cuir et la fustigea avec. Elle criait.

— Je n'ai pas fait l'amour avec mon maître.

— C'est pour cela, dit le maçon qu'il te tenait par les poils du cul.

Ninette se défendait en vain. Son gros cul de brune tressautait sous les coups de la lanière qui sifflait et parcourait l'air comme un serpent qui s'élance. Elle eut bientôt le derrière en feu. Elle devait aimer ces corrections car elle se retourna et saisissant son amant par la braguette, elle le déculotta et sortit un vit et des couilles dont le tout devait peser au moins trois kilos et demi.

Le cochon bandait comme un salaud. Il se coucha sur Ninette qui croisa ses jambes fines et nerveuses sur le dos de l'ouvrier. Je vis le gros membre entrer dans un con velu qui l'avala comme une pastille et le revomit comme un piston. Ils furent long à jouir et leurs cris se mêlaient à ceux de ma femme.

Quand ils eurent fini, le botcha qui était roux se releva et, voyant que je me branlais, m'insulta et, reprenant sa lanière, me fustigea de tous côtés. La lanière me faisait un mal terrible, car j'étais faible et je n'avais plus assez de force pour sentir la volupté. La boucle m'entrait cruellement dans les chairs. Je criais :

— Pitié !...

Mais à ce moment, ma femme entra avec

son amant et, comme un orgue de barbarie jouait une valse sous nos fenêtres, les deux couples débraillés se mirent à danser sur mon corps, m'écrasant les couilles, le nez et me faisant saigner de toutes parts.

Je tombai malade. Je fus vengé aussi car le botcha tomba d'un échafaudage en se brisant le crâne et l'officier alpin, ayant insulté un de ses camarades fut tué par lui en duel.

Un ordre de Sa Majesté m'appela à servir en Extrême-Orient et j'ai quitté ma femme qui me trompe toujours.................

C'est ainsi que Katache termina son récit. Il avait enflammé Mony et l'infirmière polonaise qui était entrée vers la fin de l'histoire et l'écoutait frémissant de volupté contenue.

Le prince et l'infirmière se précipitèrent sur le malheureux blessé, le découvrirent et, saisissant des hampes de drapeaux russes qui avaient été pris dans la dernière bataille et gisaient épars sur le sol, ils se mirent à frapper le malheureux dont le derrière sursautait à chaque coup. Il délirait :

— O ma chère Florence, est-ce encore
ta main divine qui me frappe. Tu me fais
bander... Chaque coup me fait jouir...
N'oublie pas de me branler..... Oh c'est
bon..... Tu frappes trop fort sur les
épaules... Oh! ce coup a fait jaillir mon
sang... C'est pour toi qu'il coule... mon
épouse.... ma tourterelle.... ma petite
mouche chérie...

La putain d'infirmière tapait comme
jamais on n'a tapé. Le cul du malheureux
se haussait livide et tâché d'un sang pâle
par endroits. Le cœur de Mony se serra,
il reconnut sa cruauté, sa fureur se tourna
contre l'indigne infirmière. Il lui souleva
les jupes et se mit à la frapper. Elle tomba
sur le sol, remuant sa croupe de salaude
qu'un grain de beauté relevait.

Il tapa de toutes ses forces, faisant jaillir
le sang de la chair satinée.

Elle se retourna criant comme une possédée. Alors le bâton de Mony s'abattit sur
le ventre faisant un bruit sourd.

Il eut une inspiration de génie et, prenant
à terre l'autre bâton que l'infirmière avait

abandonné, il se mit à rouler du tambour sur le ventre nu de la Polonaise. Les *Ras* succédaient aux *flas* avec une rapidité vertigineuse et le petit Bara de glorieuse mémoire ne battit pas si bien la charge sur le pont d'Arcole.

Finalement, le ventre creva ; Mony battait toujours et hors de l'infirmière les soldats japonais, croyant à un appel aux armes, se réunissaient. Les clairons sonnèrent l'alerte dans le camp. De toutes parts les régiments s'étaient formés et, bien leur en prit, car les Russes venaient de prendre l'offensive et s'avançaient vers le camp japonais. Sans la tambourinade du prince Mony Vibescu, le camp japonais était pris. Ce fut d'ailleurs la victoire décisive des Nippons. Elle est due à un sadique Roumain.

Tout à coup quelques infirmiers portant des blessés entrèrent dans la salle. Ils aperçurent le prince battant dans le ventre ouvert de la Polonaise. Ils virent le blessé saignant et nu sur son lit.

Ils se précipitèrent sur le prince, le ligottèrent et l'emmenèrent.

Un conseil de guerre le condamna à la mort par la flagellation et rien ne put fléchir les juges japonais. Un recours en grâce auprès du Mikado n'eut aucun succès.

Le prince Vibescu en prit bravement son parti et se prépara à mourir en véritable hospodar héréditaire de Roumanie.

CHAPITRE IX

E jour de l'exécution arriva, le prince Vibescu se confessa, communia, fit son testament et écrivit à ses parents. Ensuite on fit entrer dans sa prison une petite fille de douze ans. Il en fut étonné, mais voyant qu'on le laissait seul, il commença à la peloter.

Elle était charmante et lui dit en Roumain qu'elle était de Bucharest et avait été prise par les Japonais sur les derrières de l'armée russe où ses parents étaient mercantis.

On lui avait demandé si elle voulait être dépucelée par un condamné à mort roumain et elle avait accepté.

Mony lui releva les jupes et lui suça son petit con rebondi où il n'y avait pas encore de poil, puis il la fessa doucement pendant qu'elle le branlait. Ensuite il mit la tête de son vit entre les jambes enfantines de la petite roumaine, mais il ne pouvait entrer. Elle le secondait de tous ses efforts, donnant des coups de cul et offrant à baiser au prince ses petits seins ronds comme des mandarines. Il entra en fureur érotique et son vit pénétra enfin dans la petite fille, ravageant enfin ce pucelage, faisant couler le sang innocent.

Alors Mony se releva et, comme il n'avait plus rien à espérer de la justice humaine, il étrangla la petite fille après lui avoir crevé les yeux, tandis qu'elle poussait des cris épouvantables.

Les soldats japonais entrèrent alors et le firent sortir. Un héraut lut la sentence dans la cour de la prison qui était une ancienne pagode chinoise d'une architecture merveilleuse.

La sentence était brève : le condamné devait recevoir un coup de verge de chaque homme composant l'armée japonaise campée dans cet endroit. Cette armée comportait onze mille unités

Et tandis que le héraut lisait, le prince se remémora sa vie agitée. Les femmes de Bucharest, le vice-consul de Serbie, Paris, l'assassinat en sleeping-car, la petite japonaise de Port-Arthur, tout cela vint danser dans sa mémoire.

Un fait se précisa. Il se rappela le boulevard Malesherbes ; Culculine en robe printanière trottinait vers la Madeleine et lui, Mony, lui disait :

— Si je ne fais pas vingt fois l'amour de suite, que les onze mille vierges ou onze mille verges me châtient.

Il n'avait pas baisé vingt fois de suite et le jour était arrivé où onze mille verges allaient le châtier.

Il en était là de son rêve lorsque les soldats le secouèrent et l'amenèrent devant ses bourreaux.

Les onze mille japonais étaient rangés sur deux rangs, face à face. Chaque homme tenait une baguette flexible. On déshabilla

Mony, puis il dut marcher dans cette route cruelle bordée de bourreaux. Les premiers coups le firent seulement tressaillir. Ils s'abattaient sur une peau satinée et laissaient des marques rouge sombres. Il supporta stoïquement les mille premiers coups, puis tomba dans son sang le vit dressé.

On le mit alors sur une civière et la lugubre promenade, scandée par les coups secs des baguettes qui tapaient sur une chair enflée et saignante, continua. Bientôt son vit ne put plus retenir le jet spermatique et, se redressant à plusieurs fois, cracha son liquide blanchâtre à la face des soldats qui tapèrent plus fort sur cette loque humaine.

Au deux millième coup, Mony rendit l'âme, Le soleil était radieux. Les chants des oiseaux mandchous rendaient plus gaie la matinée pimpante. La sentence s'exécuta et les derniers soldats frappèrent leur coup de baguette sur une loque informe, sorte de chair à saucisse où l'on ne distinguait plus rien, sauf le visage qui avait été soigneusement respecté et où les yeux vitreux, grands ouverts semblaient contempler la majesté divine dans l'au-delà.

A ce moment un convoi de prisonniers russes passa près du lieu de l'exécution. On le fit arrêter pour impressionner les Moscovites.

Mais un cri retentit suivi de deux autres. Trois prisonniers s'élancèrent et comme ils n'étaient point enchaînés, se précipitèrent sur le corps du supplicié qui venait de recevoir le onze millième coup de verges. Ils se jettèrent à genoux et embrassèrent avec dévotion et en versant des larmes la tête sanglante de Mony.

Les soldats japonais, un moment stupéfaits, reconnurent bientôt que si l'un des prisonniers était un homme et même un colosse, les deux autres étaient de jolies femmes déguisées en soldats. C'était en effet Cornabœux, Culculine et Alexine qui avaient été pris après le désastre de l'armée russe.

Les Japonais respectèrent d'abord leur douleur, puis, aguichés par les deux femmes se mirent à les lutiner. On laissa Cor-

nabœuf à genoux près du cadavre de son
maître et l'on déculotta Culculine et Alexine
qui se débattirent en vain.

Leurs beaux culs blancs et agités de
jolies parisiennes apparurent bientôt aux
regards émerveillés des soldats. Ils se
mirent à fouetter doucement et sans rage
ces charmants postérieurs qui remuaient
comme des lunes ivres et, quand les jolies
filles essayaient de se relever, on apercevait
en dessous les poils de leurs chats qui
bayaient.

Les coups cinglaient l'air et, tombant à
plat, mais pas trop fort, marquaient un
instant les culs gras et fermes des Parisiennes, mais bientôt les marques s'effa-
çaient pour se reformer à l'endroit où la
verge venait de nouveau frapper.

Quand elles furent convenablement exci-
tés, deux officiers japonais les emmenèrent
sous une tente et là les baisèrent une
dizaine de fois en hommes affamés par
une très longue abstinence.

Ces officiers japonais étaient des gentils-
hommes de grandes familles. Ils avaient

fait de l'espionnage en France et connaissaient Paris. Culculine et Alexine n'eurent pas de peine à leur faire promettre qu'on leur livrerait le corps du prince Vibescu qu'elles firent passer pour leur cousin et elles se donnèrent comme deux sœurs.

Il y avait parmi les prisonniers un journaliste français, correspondant d'un journal de province. Avant la guerre il était sculpteur, non sans quelque mérite, et se nommait Genmolay. Culculine alla le trouver pour le prier de sculpter un monument digne de la mémoire du prince Vibescu.

La fouettade était la seule passion de Genmolay. Il ne demanda à Culculine que de la fouetter. Elle accepta et vint, à l'heure indiquée, avec Alexine et Cornabœux. Les deux femmes et les deux hommes se mirent nus. Alexine et Culculine se mirent sur un lit la tête en bas et le cul en l'air et les deux robustes Français, armés de verges, se mirent à les frapper de façon à ce que la plupart des coups tombassent dans les raies culières ou sur les cons qui, à cause de la position, ressortaient admirablement. Ils frappaient s'excitant mutuellement. Les deux femmes souffraient le martyre, mais l'idée que leurs souffrances allaient procurer à Mony une sépulture convenable les soutint jusqu'au bout de cette singulière épreuve.

Ensuite Genmoley et Cornabœux s'assirent et se firent sucer leurs gros vits pleins de sève, tandis que de leurs verges ils frappaient toujours sur les postérieurs tremblants des deux jolies filles.

Le lendemain Gemonley se mit à l'ouvrage, il eut bientôt terminé un monument funéraire étonnant. La statue équestre du prince Mony le surmontait.

Sur le socle, des bas-reliefs représentaient les actions d'éclat du prince. On le voyait d'un côté quittant en ballon Port-Arthur assiégé et de l'autre il était représenté en protecteur des arts qu'il venait étudier à Paris.

. . . .

Le voyageur qui parcourt la campagne mandchoue entre Moukden et Dalny aperçoit tout à coup, non loin d'un champ de bataille encore semé d'ossements, une tombe monumentale en marbre blanc. Les Chinois qui labourent à l'entour la respectent et la mère mandchoue, répondant aux questions de son enfant, lui dit :

— C'est un cavalier géant qui protégea la Mandchourie contre les diables occidentaux et ceux de l'Orient.

Mais le voyageur, généralement s'adresse plus volontiers au garde barrière du transmanchourien. Ce garde est un Japonais aux yeux bridés et vêtu comme un employé du P. L. M. Il répond modestement :

— C'est un tambour-major nippon qui décida de la victoire de Moukden.

Mais si, curieux de se renseigner exactement, le voyageur s'approche de la statue, il reste longtemps pensif après avoir lu ces vers gravés sur le socle :

CI-GIT LE PRINCE VIBESCU
UNIQUE AMANT DES ONZE MILLE VERGES
MIEUX VAUDRAIT, PASSANT ! SOIS-EN CONVAINCU
DÉPUCELER LES ONZE MILLE VIERGES

FIN

LES ONZE MILLE VERGES

www.ingramcontent.com/pod-product-compliance
Ingram Content Group UK Ltd.
Pitfield, Milton Keynes, MK11 3LW, UK
UKHW022019170726
13837UKWH00001B/277